神秘之法

當你把這本書拿在手上開始閱讀後，你的「常識」會在一小時內崩潰吧！
是的，不管是學校或媒體，都不告訴世人真實的事。
不管你要如何質疑，但這就是大宇宙的真相。

THE MYSTICAL LAWS

Ryuho Okawa

大川隆法

前言

當你把這本書拿在手上開始閱讀後，你的「常識」會在一小時內崩潰吧！

是的，不管是學校或媒體，都不告訴世人真實的事。

不管你要如何質疑，但這就是大宇宙的真相。

做為本書作者，就不再贅言了。

在此送上「法系列」的第十卷書。

幸福科學總裁　大川隆法

目錄

第四章 充滿力量的神祕主義——解放被常識束縛住的力量 175

第一章

死後的生命

——人生絕不限於此世

1．瞭解「死後的生命」後，人生觀會隨之轉變

關於「魂」與「靈」有許多不同的說法，本章是以最通俗的講法「死後的生命」為題進行論述。

在我的許多法話當中，常具有高度的理論性或涉及了高次元的話題，對於尚不相信靈魂世界或與宗教尚有距離的人來說，或許會產生難以接近的感覺，因此，我想對於初學者以簡而易懂的方法進行論述。

大部分的人針對死後的生命問題，都會有「如果有來世就好了」的想法，但其中也可能有「人死後生命仍然存在是難以置信的，並且也沒有什麼證據」的想法。

針對這類問題，學校教科書是完全沒有記載的。學校只能教人們「人類

是由微小的蛋白質的集成體進化而來的」之類的內容，至於「人死後何去何從」的問題，學術領域好像都認為這已經超出了學習和研究的範圍。

針對人死亡瞬間的狀況，雖然在醫學上進行了各種研究，擬定各種對策，但談及「死後的世界」，學者們的思考就會立刻停滯下來，或者會令人產生有對這些問題避而不談的印象。

然而，從某種意義上而言，瞭解死後的生命是最重要的，甚至勝於學習各種世間知識。如果對這個靈性真相一無所知，人生的意義就迥然不同了。

認為「人生是到肉體生命結束時為止」的人，此人也就會侷限在這種思維方式下過生活；而像古老傳說那樣相信「死後有靈魂世界存在，生命仍然繼續」看法的人，此人也就必然在這種人生觀下生活。持有哪一種想法，其人生觀會有很大的不同。

因此，關於死後生命的知識是極為重要的，其重要程度是無法與其他知識相提並論的。

早期哲學也曾講述過死後的世界，但隨後的哲學強調實證性，學者們漸漸不能承受對其真實性的質疑，結果整個哲學走向了抽象性的思考。今天的哲學差不多已走到與死後世界無緣的邊緣了，變成了類似邏輯學的學問。因此，可以說「哲學已經遠離死後的世界」。

宗教不談死後的世界即無法成立，如同有些佛教宗派牽強地用唯物論方式，解釋死後的世界那樣，雖然哲學曾探討過世間與靈界之事，今天卻演變成了一種抽象性的思考。

即使有些人知道靈界的事情，卻因中途不具靈性體驗、不相信靈界的人參與進來後，其談論的內容就失去了焦點。

2．我的靈性體驗

有許多人曾經歷靈性體驗

何謂人的真實樣貌？針對這樣的問題，相信靈界是真實存在的人多半會認為：「無法否認人體當中有靈體存在。」

同時，他們也會認為：「人死後在肉體被火化後，其靈魂還會暫時留在人世間，隨後便會被引導前往靈界，開始在來世的生活。」然而，對其之後的狀況則是模糊不清，覺得如果不親身經歷死亡，就難以明白。

讀者們多多少少聽過關於幽靈故事吧！

只不過，現代社會對於靈界，在學問上有加以否定的傾向，同時，當今也是強調科學萬能的時代，所以即使是有靈性體驗的人，也不太願意講出來。此外，一般人對於靈界覺得是妄想、幻影或幻覺，所以就變得不願意開口發表意見了。

但是，只要對自己的家人或親戚好友做一番調查，或多或少就會聽到有人曾經歷過靈性體驗。

如果是在過去信仰深厚的人居多的時代，談論靈的事情是毫不奇怪的，但近年來，頂多是在部分電視節目中有討論這方面的話題。於是，從表面上看起來，好像有實際經歷靈性體驗的人減少了。

然而，有靈性體驗之人應該還是很多的。

作家與演員之靈曾前來造訪

接下來，我來談談我自身的一些靈性體驗。

社會知名人士，也曾是「幸福科學」本部講師、作家的K・T先生，幾年前往生時，曾經造訪我。由於死得很突然，他自己沒有任何心理準備，所以在這個世間停留了兩、三個月。在那段期間裡，我感覺到他一直在我的住處進進出出，之後才回到了靈界。

另外，同樣也曾是「幸福科學」本部講師、名演員的N・K先生過世後，也是隔天就來找我。

我通常刻意不與普通人的靈會面，但因為對方曾擔任「幸福科學」本部講師，生前也曾交談過，所以我認為「這好比是繳稅，是需要做的事情」，所以決定與對方交談，直到對方滿足為止。

由於他們對佛法真理都有深入的理解，所以沒有恐怖的感覺，但如果長期逗留，就會造成我生活上的不便。因此，當N．K先生的靈前來時，我因希望他不要久留，便跟他說：「你應該不會像K．T先生那樣久留吧？如果你能兩、三天後就離開的話，我會很感激的。」結果，N．K先生不久就回到靈界去了。

由於我的住處周圍設有靈性的「結界」，因此，一般來說，惡靈或死靈都無法入內。

世上許多人因為交通事故或生病往生，如果死者之靈都來找我的話，那我就太忙了。不過，因為設有靈性的「結界」，所以一般的靈沒辦法看到我。這個靈性的「結界」，雖然不像東京巨蛋那麼大，但卻像其頂棚那樣如一個張開的保護傘。

當我的親戚往生後，其中有較深法緣的人會來找我，而其他人不知我人在哪裡，便無法找到我。這好像是「無耳芳一」鬼故事那樣，無緣者既看不到我，也無法靠近我。

無論是透過書本還是音樂，只要意識相通，靈即會上門

如前述，因為我的周遭設有「結界」，所以一般的靈沒辦法找到我，但也有例外的情形。這便是在意識相通之時，原本無法與我會面的靈，也會到來。

譬如，當在報紙上看到附有照片的死亡報導時，如果對方是我認識的人，心裡就會產生「喔，這個人往生了」的意識，於是意識與其相通，當我意識到了這一點的同時，大概只需兩、三秒鐘，那個人的靈就會跑到我這裡來。這與靈界相同，靈的速度非常快。因此，在看電視新聞時，一不小心，就會發生此類事情。

為此，當我看到死亡報導的新聞時，都是有意隨便聽過去就好了。

有許多書籍，其作者已經往生，如果覺得這位作者死後大概會下到地獄，那麼此人所寫的書，通常我都避免閱讀。

這是因為，只要閱讀他寫的書，那麼他的靈就可能會跑來找我，這會令人受不了的。在閱讀已往生的人的著作時，就會與該作者生前心的波動相通，結果招致其靈到來。

因此，不管是人們稱讚的「名作」或「名人」，視其死亡狀況或人生觀，只要發現這個人「相當危險」的話，自從我靈性覺醒之後，我都不去閱讀。

來訪之靈如果是馬上回去那就還好，但若是一直留下來，便會影響我的生活。萬一一個月左右每晚都來，遲遲不去的話，那會令人受不了的。

如果這個亡靈有個人的原因無法回到天國，而想要在我這裡多停留一會兒的話，我的工作便會受到困擾。也許對方很閒，但我實在無法奉陪。

因為有這樣的情由，所以我對於「相當危險」的書籍盡量不碰。

在文學作品中，有很多是地獄性的內容。不管這種「地獄文學」的內容如何生動，如何具有人情味，或如何有趣，然而從靈的角度去看，其實是非常恐怖的事情。

因此，我雖然有結界作保護，一般的靈看不到我，但若從意識上與某靈的波長相通的話，我所在的位置就會被特定出來，這好像電話、傳真號碼被對方掌握一樣，某靈就會來到我這裡。

讀書能招靈，同理，聽音樂也會產生類似的現象。有一次，我在聽《查拉圖斯特拉如是說》（Also Sprach Zarathustra, 理察・史特勞斯〔1864～1949〕）這首曲子的時候，撰寫同名著作的德國哲學家尼采（1844～1900）之靈，就從地獄跑出來找我。有個人在聽了我講這件事之後，不敢置信地說：「聽音樂也能招靈？這個超能力真不得了！」

光只是聽音樂，靈就會靠近而來。聽幾十分鐘的音樂，此人的意識就會和作者相通。

這首交響詩的作曲者史特勞斯，當初大概是一面想著尼采所寫的《查拉圖斯特拉如是說》的內容，一面作曲的，所以我在聽這首曲子的時候，竟與尼采的書籍連上了線，並把尼采之靈招引出來了，讓我感受到了邪惡的波動。

這種事情只要發生一次，我就不太想再聽這首曲子了，也盡量不接觸它了。

在靈界中，非關心的對象就看不到

如此，只要意識相通，就有機會遇見各式各樣的靈。靈界也是如此，無緣是見不到面的。

在靈界，即便同處一個空間，若你對對方不關心，或許就看不到彼此。在靈界彼此相撞時，因為是靈體，所以可以穿身而過。靈界的靈人在彼此關心、想做交流時，才有可能看到對方，彼此漠不關心時只能擦身而過。

世間與這樣的靈界共存。

「幸福科學」已成立近二十年，弟子中年紀比較大的人不久將返回靈界。因此，就需要有人在靈界予以照顧，這是一種需求。

從某種程度而言，如果不能讓學過佛法真理的人返回靈界，靈界的導引工作就沒辦法做好。因此，返回靈界並非是悲哀之事，當世間的工作大致完成後，前往靈界絕不是什麼壞事。

因此，在我的弟子中有好幾個人，已經返回到了靈界。

前來告知自己已死的靈

接下來，我想談一談關於我的家人的靈性體驗。

首先是我在小時候所聽說的，關於祖母過世時的事。

祖母是四國某寺院住持的女兒；她在過世前兩年，才搬到東京與長子同住，在此之前一直住在四國。祖母在過世後，其靈回到了四國。

我的雙親與伯母當時都還住四國，就在祖母過世的時候，老家廚房後門突然「吱、吱」作響地打開了二十公分左右。那是個木造橫推的門，當時大家都覺得：「奇怪！門怎麼會自己打開？」後來才知道，祖母就是在那個時間點過世的。

後來，我進一步做了調查，才知道過去有很多文獻曾記載，人死了靈會特地去通知自己的親人。

特別是在第二次世界大戰期間戰死的人，許多靈為了和父母親、兄弟姊妹見面，紛紛回到了故鄉。當時，有很多人經歷過戰死之人返回故鄉的靈性現象。

在這種情況下，多半是後門之類的門被打開。早期治安尚好，民宅無需防盜，也可能是後門比較容易打開，所以常會發生這類事情。

另外，也有許多人聽到了靈在說話，或者是聽見了靈走進房屋的腳步聲等等。

某些物理現象也常會發生。譬如，佛壇上的鉦半夜不敲自鳴。民眾常會因此得知「可能是誰死了吧？」這類的事情很多。

往生的靈也會造訪某一特定的人；當然，在夢中遇見的情形也非常多。

在戰爭中過世的人，他們的靈大多會向親人通知自己已死。很多有這樣經歷的人都說：「亡靈來的時候，都是死時的打扮。」

總之，不是門被打開，要不就是可以聽到腳步聲，其中還有人能和靈進行對話，再不然就是可以聽到佛壇上的鉦等等發出聲音。

有許多寺廟的和尚有這樣的靈性體驗。不過這也是理所當然的，和尚都會事前得知不久之後某戶人家要舉行葬禮。所以他們只要半夜聽到本堂有腳步聲，大概就知道不久之後將會有人前來通知「某人往生了」。

我祖母往生，後門打開之事，即屬此類靈性現象。

死後不到幾小時透明的靈

我有一位親戚T氏，是十幾年前過世的。在他過世的時候，我個人有如下體驗。

當時我就已聽說T氏已經病入膏肓。

那天，我幾乎徹夜不能眠，快天亮時起來上廁所，開燈時，兩個電燈泡中一個「啪！啪！」地閃了一閃就滅了。我心想「奇怪！他來了嗎？」看看數位時鐘的電光顯示，剛好是「444」。像很巧合似的，電燈泡在四點四十四分時突然壞掉了。

看樣子，靈魂與電能似乎有某種關連，會相互產生影響。我家的電燈泡在接近天亮的四點四十四分熄滅，T氏就在那個時間點前後過世了。

T氏住在四國，當時我在東京。他過世後，其靈體大約於當天早上十一點半來到東京。換言之，他花了幾個小時四國來到了東京，其距離是數百公里。

當時我看到的T氏靈體，因為剛死幾小時，所以是透明的。他站在我面前時，他身後的餐盤與碗櫥等物品都可清楚地看到。T氏就像淡淡的影子，也有點像透明軟糖那樣的透明體。

他的五官和外表還全部可以看得清楚，但因為是幽靈，所以腳的部分看起來像海藻，搖來搖去，輪廓不太清楚。雖然有腳但一直像海市蜃樓那樣搖晃，其他身體部分則呈現透明。

雖然知道T氏過世，但當時我正準備前往東京巨蛋做大型講演會，無法參加他的葬禮。於是，我為T氏唸了「幸福科學」的根本經典《佛說・正心法語》，並且略作講解。我為T氏做的「葬禮」相當簡單，因為亡者之靈來了，所以，我為對方讀誦「幸福科學」的經文，並為他講解佛法真理，便結束了。因為有法力，所以不需要太拘泥形式。

有了此次的經驗，我才暸解到「人死後靈體能用幾個小時行幾百公里，透明且腳會搖晃」。

來求助的某社長之生靈

我也曾看到過活人的靈，即「生靈」。

即使是活著的人，有時也會幽體脫體。因為靈魂不只一重，有好幾重，所以有位朋友的靈魂之一部分脫離了他的身體，前來找我。我曾多次見到「生靈」的體驗。

之前「幸福科學」的總部還在東京的千代田區紀尾井町的時候，某業界的社長曾多次造訪總部。他是一位非常喜歡靈性事物的人，後來因為某種緣故，他離開了原來的公司。

聽說這位社長在重病接受手術時，拼命地聽我的法話錄音帶。後來他說：「托您的福，病治好了！」所以，我想他是相信佛法真理的人。

有一次，他牽扯入某個事件，當時我人在輕井澤，時值夏天，我租了一間小木屋住。某日，我突然發現房屋的角落有一個像忍者那樣立膝蹲著的黑影，仔細一看，原來是那位社長的生靈。

他並沒有死，但見到他像黑影的生靈前來，蹲在那裡。我當時感覺奇怪：「到底發生了什麼？」不知道他為什麼來找我。後來看了報紙才得知他被捲入某個事件中。那時我才瞭解原來他對我祈禱，希望我能夠幫助他。

就像這樣，活人靈體的一部份也能夠脫離身體，其靈體並非透明，而是黑黑的看起來像人影。

所以，即使是活著的人，在遭遇某種危機時，如果他不是唸「南無阿彌陀佛」，而是祈求誰來幫他的忙，此時，他的生靈就可能迅速地移動到對方那裡；這屬於一種幽體脫體。

3・死亡前後靈魂表現出的各種現象

脫體而飛的幽魂

關於「人死時有何感覺？靈體會如何？」的問題，常有一些靈異的書說：「人在死亡前後，其靈體出竅，其形似人，能像彼得潘一般於空中飛翔。」事實上，當事人亦有相同感受。只不過，看上去雖是如此，但當事人是否有其他感覺則另當別論了。

古人所說的「幽魂、靈火」等，是說「人過世時，會產生一種比拳頭稍大，發出藍白色或呈現出少許橘色的靈火」。當這樣的靈火從屋頂離開時，就代表那棟房子可能有人過世。常有這樣一種說法：「當看到從久病不癒的人家有靈火飛出時，大概那病人就快要過世了。」

幽魂在飛的時候，此人還具有人的意識，所以看上去還有人形。一般人很難看到這種場面，無需手腳的幽魂，一口氣飛幾百公里甚至幾千公里也不足為奇。

幽魂多半是具有靈視能力的人才看得見，昔日的人或鄉下的人，常能看到幽魂就是這個理由；但有時也好像能夠出現物理性的顯現。

很早以前，人們認為幽魂好像是在燃燒，常說：「墳墓有磷火在燃燒。」因此，或許有人曾對幽魂是否有溫度產生興趣，並進行深入調查。

然而，實際中有人碰觸過幽魂，其中有人說觸感很像是棉花糖，也有人說很像是綢緞、絲織品那樣的感覺。

此外，還有些好奇心很強的人，實際測算過死後的人體重會減輕多少，結果發現「減輕了三十五公克」。一般體重計的精密度，如無一兩百公克的出入是量不出來的，那些好奇心很強的人如何量出了「三十五公克」我並不清楚，但他們說人死後體重會減輕。

許多人有這樣的實際體驗，得出的結論是「人死後體重會減輕少許」、「因為人死後體重減輕了三十五公克，所以靈魂的重量就是三十五公克」。我是沒有做過這樣的事，但有這樣的講法。

總之，人死後會變成人形的幽魂從肉體脫離而去。

古代印度也常有「靈魂約如拇指大小，會瞬間從肉體脫離出去」的講法，雖然對靈魂的大小說法上稍有不同，但都認為靈魂會脫離肉體。

捉魂的故事

日本岩手縣有個捉魂的故事。

主角是在縣公所工作的人。

某天，這位先生在家時，突然發現有個幽魂飛進房間。他直覺到「這是人的幽魂！」便拿起掃帚追趕，終於把幽魂困在房間裡，並用臉盆扣住了；這位老兄堪稱是「捉鬼特攻隊（Ghostbuster）」。

可是，不久有位近鄰跑來大呼：「不好了！你伯父剛斷氣了！」

原來，他的伯父長期臥床、病入膏肓，也住在附近。他聽後心想：「伯父生病已久，終於撐不住了，我得去弔喪才是。」

不過，出門前想到了剛剛捉到的幽魂，很在意，於是打開臉盆放其逃走。

不料，當他抵達伯父家時，原本已過世的伯父突然睜開眼睛，恢復了呼吸，並指著他說：「你這個做晚輩的，竟敢捉你伯父。我被你用掃帚追打，被整慘了，最後還用臉盆扣住了我！」原來，他的靈魂被姪子扣住，沒辦法回到肉體，所以才死了一會兒。

久病不癒、病入膏肓的人，其靈魂會經常出竅。這位伯父的靈魂出竅後，卻被他的姪子扣住無法返回，因此斷了氣。後來，姪子打開臉盆，令其魂魄回到肉體後，死去的伯父也就恢復了意識。老先生瞪著姪子大罵：「你幹的好事！」姪子恍然大悟：「竟然捉到了伯父。」嚇得冷汗直冒。

這是姪子抓伯父的幽魂的例子。這位伯父之所以生氣，是因為他本人並沒有打算變成幽魂，只是像平常那樣「走到」姪子家，不料，卻被姪子追趕，並被臉盆扣住，所以他非常生氣。

這是某書記載的事，內容很生動，我想這應該是真實的故事吧！

總之，人在即將死亡之際，常會出現靈魂出竅等情況，也有的人在死亡幾天之前，就被人看到其靈魂離開身體。我想，這可算是一種前往靈界的「練習」吧！

因此，要斷定人何時為死亡的瞬間，是有其困難的。

死而復活找陪葬的故事

死而復活的故事有很多，下面講一個例子。

話說日本大阪曾有位大富豪，他的妻和妾住在同一個屋簷下，其妻妾之間的關係很差，但在表面上彼此維持著和諧關係。

不久，妻子病故，當晚，家人稍事守夜之後，就各自回到了自己的房間休息。

可到了夜深人靜時，突然傳出「咚」、「咚」像是拐杖敲打地面的聲音，很恐怖。

那是個傳統老房，天花板下面有個可用來掛衣服、長約三十公分的木條，那上面掛著一把木槍。原本已死了的妻子，卻在半夜活過來，取下木槍，用槍「咚、咚」地敲擊地板走進妾的臥室，用木槍刺殺了妾，之後自己再次斷氣了。

這恐怖的故事表現了人死後的執念。那位做妻子的人不甘心自己先死，所以她還要丈夫的妾一同陪葬。

如果仇恨的念頭無法消除，到了靈界或許會變成鬼。單從這個意思上來說，死去之前將仇恨化解為好，因執念未消，常有死後又復活回到世間之事。

另外，日本東北曾有過這樣的事情發生。某位過世了的老太婆，按理說她應該躺在棺材裡面才是，可是半夜卻突然爬出來，從火爐旁邊走過去，令放木炭的盆子旋轉了一下。

總之，人在死亡前和死亡後這段時間裡，其靈魂會引起許多現象。如果對世間過度地執著，其結果將無法正常地返回靈界。

越是觀察這類現象，就越能理解佛教「不可在心中殘有執著」的主張非常正確。佛教認為：「過度執著世間，將無法返回靈界，因此務必要斷執著。」

人到了高齡，當體認到自己已接近死亡時，「如何把世間的問題徹底解決乾淨」，便是非常重要的事情了。

有人可以大概預期自己還能活多久，但也有人會意外遭逢死亡。如果知道自己大概還有多少壽命的話，還能夠做準備，減少執著。但是遇到了突發性的疾病或事故提早往生者，若還有許多世間上的問題尚未解決，就會成為難以斷棄執著的原因。

所以，當年紀大了之後，擔心的事情還是得提早解決為好。另外，有些人的年紀雖然不大，但才四、五十幾歲就突然死去了。因此，為了預防萬一，最好還是先擬定相關的對策。如此，死後前往靈界之旅的障礙將會變得比較少。

長期在「幸福科學」學習的人執著心較輕。不過當準備不夠充分時，到時候還是會遇到困難的。

靈總想把其想法告訴世人

往生回到了靈界的人，還有話想告訴世間的人，但由於無法傳遞訊息，所以會覺得很痛苦。「想交代的事情忘記說了，在遺書裡也沒寫。現在想說，但能夠聽到靈說話的人極少，不知應該對誰講。」諸如此類的情形很多，這對於靈魂來說是相當痛苦的。

從我個人的體驗而言，一般人看不見靈的容貌、聽不到靈的聲音，這反而是值得慶幸的。如果看得見靈的樣子、聽到靈的聲音的話，恐怕就難以過安穩的生活了。

我生活的地方平常因為有結界保護，所以只有高級諸靈或特定的才能夠進入。但是當我想要講述有關於「死後的生命」的法話時，當天晚上就會有許多靈人來找我，嘰嘰呱呱地希望我講法話時提到他們，令我難以入睡。

這或許是因為我發出了「想要針對死後的生命進行法話演講」的念頭，許多靈人有了感應，於是紛紛前來，希望「既然談死後，就會說到死後的人的話題，那就順便提到我好了」。於是，平常不來的靈來了一大堆，從半夜十二點一直到兩、三點，源源不斷，吵鬧不休。

事實上，這些靈一直在身旁問長問短，我不得不應付，難以安眠。有些靈要求我提他的名字，有些靈說自己生前有些話沒講完，能否替他講兩句等等。

這些靈未必都是不成佛靈（編注：不能順利地返回靈界的靈），還有一些已返回了靈界的靈人，因為無法向世間的人傳遞訊息感到很痛苦，所以他們希望「若有機會，請代我向親友打聲招呼」。

因此，那天晚上吵鬧不休。

另外，在前述的N．K先生已返回天國，他的靈在死亡隔天來找我，希望我關照其妻女。

我回答說：「現在兩人的經濟狀況都很安穩，沒有問題！」N・K便說：「我知道了，太感謝了，太感謝了，請多多關照。」

N・K是故人，雖然有些無奈，我還是覺得應該與他對話才是。N・K想必也知道「只要跟我講，就可以把話傳遞過去」，所以我決定把他的話聽完，幫他解決問題。

他講的瑣碎之事我沒有聽，但對他在意的部分，我決定幫忙處理，所以聽他把話說完為止。

另外，作家K・T過世後不久，回到了天國，心情似乎相當好。後來他常跑來找我，問我可否出版一本他的靈言集。我回答說：「死後不久的人要出靈言集，得具備神格才是。」非日久之靈的靈言是沒有什麼價值的，若不是死後幾百年以上的靈，一般人多半會認為「他還是人罷了，還不具備神格」。

我告訴對方，我不太想出版弟子的靈言，理由是「我身為師長，不能做得太過頭」，因此，我只把K．T的靈言整理成簡短的文章。

總之，我與過世了的人之間也有這樣的對話。

當然，並不是所有亡者都有執著和妄念，但有些人多少還是難以割捨對親人的思念，所以，如果有向世間的人傳遞訊息的方法，他們還是有話想說。

因此，他們有時會變成幽靈來到世間，人們也就會聽到喀答喀答的聲音，或看到了似人影的樣子、聽到腳步聲或其它聲音等等。

4・從靈界入口到天國與地獄

首先應對生前做反省

死者之靈大約在四十九天之內，就必須離開世間了。大部分情況都是在死後二十一天左右，也就是三週左右，就不可在世間逗留了，最長也只能停留四十九天。若到了兩個月還不離開，此人就會被提醒：「不可再這樣下去了，該是回去的時候了。」

在此之前，對死者之靈來說，還相當於是「自由放牧」的狀態，還沒有完全地回到靈界，而是在世間與靈界之間徘徊。在這段時間裡，死者之靈會去看到各種不同的人，關心各種事情。譬如，「自己死後葬禮怎麼辦」、

「遺產將如何分配」、「後人能否處理好公司的事業」、「孩子們是否老在吵鬧」、「老婆會不會發生外遇」等等。正因為有這樣的擔心，所以會在近兩個月的時間裡，在世間與靈界之間徘徊往返。

但不久，他將會被提醒：「不可再賴在這裡了！」

其實，當人過世的時候，就有引導靈來接此人前往靈界，但不久之後又會回到世間。於是，為了讓此人學習世間與靈界之差異，此人被允許暫時留在世間。

過了一段時間之後，此人做為靈體，世間物質性的部分就會漸漸脫落。當被提示「該是回靈界了」時，就會離別世間前往靈界。

首先會來到「冥河」附近，當跨過這條河之後，就是真正的死者了。冥河的另一端是「精靈界」或叫「幽界」，那裡是靈界的入口。

冥河的對面通常都會盛開著油菜花等美麗的花朵，已故的家人或朋友等等會前來迎接。最初，此人會有「到天國了」的錯覺，但須知過世後最先到達的地方並非天國，那只是尚未區分天國與地獄之前的世界而已。

如此，死後前往靈界後，有好幾十天還像是活在世間那樣，在尚不知自己將何去何從的地方過靈性生活，對生前進行反省。此時，當事人將會像看電影那樣，看到自己生前的種種狀況，也會有指導靈前來，對自己的生前種種一一予以確認。

世間能夠留下影像的記錄，在靈界也有時會用類似電影的形式來回顧生前的生活；也有時像在對照鏡子那樣，觀看自己的過去。世間常有「閻王帳」之說，這因為人們早期對影像尚不太能理解，所以根據那個時代的人的意識水準，有時會呈現出此人生前的文字記錄來。

史威登堡（E. Swedenborg, 1688～1772）為後人留下了一套龐大的著作《靈界見聞錄》，記錄了他的靈界經歷，其中有如下靈界場面的記錄。

有一位精靈來到靈界後，面臨了做反省的關口。由於他生前曾收取賄賂，行為不檢點，這些詳細內容都被記錄在一本記事簿中。當負責檢查的靈人來到他身邊，注視其全身時，那本生前的記事簿就會「嘩啦」地一下子從地下冒出來，並在這位精靈的足下迅速地翻頁，使其他的精靈們均能瞭解這個人在過去，曾犯下何等罪狀。

在那個記事簿中，甚至連這位精靈自身早已忘記的事，也有詳細的記錄。在翻頁時，可完全瞭解此人生前的想法與行為，知道「這個人曾是如何想，如何做的」。因為就連他本人忘記的事都有詳細的記載，所以當事人會相當地驚訝。

早期在靈界是用這種方式回顧過去的，當針對過去自己的思想或行為進行反省時，其文字記錄就會跳出來。

不過，大體上是以影像或鏡子等視覺性的「生前記錄」居多。

如此反省，之後便會決定出自己在靈界應何去何從。

靈界區分為天國與地獄的理由

現今，天國與地獄已經區分得非常清楚了，但以前並非如此。由於地獄人口的增加，所以必須將地獄的人們做明確的隔離，但在之前天國與地獄並沒有區分，靈人於精靈界那般的地方共存。

在當時，較屬於天國境界的靈，好似生活在高台之上。正如人們買房子時，視野較好的地方價格通常比較高，住在較高地方的靈，通常具有天國意識。

至於現今稱之為地獄的人們、低位靈界的人們，雖然與接近天國境界的人們，生活在相同的空間和靈域裡，但卻居住在山腳下、泥沼旁、潮濕陰暗的洞窟裡。

或許有人會認為：「在四次元世界，竟然讓像精靈界那種接近天國的地方與地獄界同處。如果不是相同的次元還可以理解，讓全然不同的靈共存於相同次元，這樣不是很奇怪嗎？」

的確次元雖然相同，但近天國者住在較高的地方，惡人則是住在潮濕的地方與洞窟等地方；這種狀態持續了很久。

不過，畢竟是相同的次元世界，所以兩者有時會互有接觸，其結果就是會產生許多不愉快。當雙方產生了不愉快的感覺後，彼此於是就會漸漸產生「不願意與那討厭的傢伙住在一起」的想法，最終使兩者之間拉開了距離。

由於彼此意識上的疏遠，惡人們被隔絕到低處，隨之地下靈域愈變愈大，形成了一個地下帝國。而天國的靈人們也覺得彼此隔離開比較好，於是靈界漸漸地按照居民的意識高低，有了區分。

靈界是心念的世界，當那裡的居民透過互相討論，決定應該打造怎樣的城鎮、生活空間等問題之後，在這個共同心念之上，天國般的社區便會逐步顯現出來。

至於在泥沼或洞窟遊蕩的靈人，那種感覺就像流浪漢。天國的靈人認為不把流浪漢隔離起來，整個城鎮的價值就會下跌。於是，許多人一起用念力，把那些流浪漢隔離起來。換言之，在靈界的下方另外形成一個空間，並且其領域逐漸擴大。

就是因為如此理由，天國和地獄開始分開，地獄也越變越大。

現今，如果此人在生前獲得某種程度的覺悟，死後會順利地返回天國，但也有人直接墮入地獄。

常常可以聽到有人說，人死後會穿過一個隧道，我以前也講過這類話題。根據許多有過臨死體驗者的說法，都提到了自己在通過了某個黑暗隧道時，眼前是一個非常亮的世界。但有時這條通向強光世界的異次元隧道的下方，會出現一個像水井般的洞口。

有些不知靈界狀況，遊蕩至此的人，突然會發現地上出現了一個洞，當好奇地去查看時，就被吸了下去，並且好像乘坐通往地下的電梯那樣，一直跌落下去；當事人在此時多會明白自己將前往地獄某個該去的地方。

就像這樣，也有那種往下的黑暗隧道，通過了這隧道之後，就會到達地獄。在通過這個隧道時，有一種往地球內部墜入的感覺。

這種例子雖然較少，但也曾聽說有人經歷過。

總之，原本天國與地獄並無明顯的區分，不過是在相同水平的世界中，分開居住而已。

若拿現代做比喻的話，以紐約的曼哈頓為例，那裡有低收入的貧民居住區，治安很不好，車子停在這裡，即便是警車，都難保不會被拆解掉；但也有所得較高的人，所住的高級住宅區。

然而，因為有許多人無法忍受同住在一起，進而開始分住於上與下。因為眾多人的心念，靈界因而演變為這種樣子。

我從低級到高級靈界做過許多說明，然而很多人缺少正確的靈界知識，通常也只能獲得較低層次的靈性體驗。

靈太陽之光無法射入地獄界

如同先前所述，地獄界之「發祥地」便是洞穴、泥沼等潮濕陰暗的地方，但那些地方並非真實存在，而是一種「想念」。

營造了這種地方的，便是喜好陰暗潮濕的想念。因為，光會使其罪惡暴露出來，所以便想要躲避光的照射。於是，形成了磁場，構築了地獄。

地獄無法接受到靈界的靈太陽之光。

然而，在地獄界當中倒是有類似自然界的黃昏陽光照射得到的地方。地獄靈生活在非常靠近世間的四次元世界生活，因此，有時能從如墨染的天空中，隱約看到自然界的黃昏太陽。有時會以為那是月亮，但實際上是太陽。

地獄靈若接受到了靈太陽的照射時，會因感到光太刺眼，所以會覺得很痛苦。

地獄靈有點像鼴鼠，鼴鼠的眼睛只有區分明暗的能力，幾乎什麼都看不見，因而生活在地下。人們常說：「鼴鼠在地上是活不了多久的。」地獄的亡者與此有類似的感覺，比較喜歡地下，會刻意避開光線。

即使有人認為「如果把光線打亮，他們會高興一點」，但有些人卻不這麼想。就像蟑螂、蜘蛛與老鼠等，當你半夜點燈時，牠們一點也不會高興，而是四處逃竄。反之，越陰暗就越便於牠們出來活動。與此相同，地獄的亡者不喜歡光明。

他們不喜歡接受靈太陽之光，所以如果沒有什麼遮光物擋住無法生活。因此，地獄中的靈太陽之光較弱。

在地獄界的生存能量來自欲望

要說在地獄界以什麼為生存能量，那就是「欲望」。

在世間，人都持有著欲望。譬如，明哲保身之欲、以自我為中心的想法、一意孤行的想法、追求財物、金錢的欲望。雖說這些都是生存欲望，但這便成為了地獄靈生存能量的來源。

人上了年紀，雖自知自己已沒有多少時間，但若是欲望相當旺盛、處處逞強的話，此人就必須要知道，這樣的自己是很危險的。

人老後身體會變得衰弱，身體不再那麼聽使喚，甚至無法站立，要坐輪椅或臥床不起。須知，這個時候自己該是從世間的欲望中畢業了，必須要丟掉這些欲望才行。上了年紀後，應該心持「靈界比世間更好」的想法。如此，年老身體機能衰退後，人才會自然地產生對靈界的憧憬。

如果越老欲望越旺盛，還拼命地去爭去奪，如不留意，這種能量就會轉變成在地獄的生存能量。

即使生活在地獄，還是會有「缺乏能量」的感覺，因此，地獄的亡靈就會尋找世間之人，去奪取其能量。

此時，地獄靈會去尋找與自己所持能量同質的東西。這和加了不同的燃料，車子便不能跑的原理相同，地獄靈會去尋找與自己有相同欲望的人，從他們身上偷取能量，來滿足自己的欲望。如果不這樣做，將無法繼續生存。

原則上，地獄靈皆很自私、任性，講得更清楚，他們極為自私，只想到自己。對待他人，則是一味地關心「如何讓他人成為自己的獵物、手下，令其聽自己的使喚」、「設法讓對方服從自己，成為自己的附庸」，此外別無他想。

而天國的人，多希望自己的存在有助於他人。同樣持有如此心念的人能夠彼此為伴，居住在一起，但與地獄靈則無法同流合污、住在一起。

因此，兩者分開居住，在某種程度上正好符合了彼此的期望。

但即使如此，地獄畢竟是痛苦的世界。地獄靈為了逃脫痛苦的折磨，會試圖延長附身在世人身上的時間，甚至想要讓其他人和自己一樣，讓世間之人走向與自己相同的失敗人生。

譬如，有的人生前是酒鬼，導致人生失敗，此人在落入地獄後，就會積極地去附身在好酒之人的身上，令其酗酒成癮，走向與自己相同的破滅人生。

再者，有些好賭之徒，由於負債累累，一家人自殺逃債。這樣的人成了地獄靈後，便會瞄準賭徒，附身上去，令其家破人亡，看到與自己同樣的悲慘結果而幸災樂禍。

各位或許能夠體會到這樣的感覺：「既然自己不能幸福，但是當看到別人有不幸的時候，心情會感到很輕鬆。」就像這樣，有人就是會認為自己反正不能幸福了，不如去製造別人的不幸，這樣自己就不會孤獨，心情也會爽快，進而反覆地做著壞事。

5・瞭解世間修行之意義

若不知靈界的實際狀況，就無法擬定防止自殺的對策

有些人在死了之後，仍不曉得自己的生命是靈性存在、是靈魂。在自殺的人當中，雖然有些人認為死後到了靈界，即可擺脫世間的痛苦，但明確地說，有更多的人是不相信有靈界存在的。

有些人認為：「世間雖是痛苦的世界，生命就僅限這一世，所以死了之後，便可逃脫債務，人際關係的痛苦也會消失，被解雇的痛苦亦會消失。死了之後，就等於是人生的總決算。」所以從高樓跳下來，選擇了自殺。要讓這樣的靈瞭解「有靈魂的存在」，需要相當久的時間。

這種人的靈即使到了靈界，還是會想去自殺，因而爬上高樓等高的地方跳下去，跌落到地面時，也會像在世間那樣粉身碎骨、血肉模糊。此人會想：「這次應該死得乾淨俐落了！」卻不料，過了一會兒身體就復原了。之後，又再度爬上高樓往下跳，反覆不斷地去自殺。

當對自己反覆自殺產生厭倦時，就會在世間跳樓自殺的現場附近，尋找有尋死念頭的人，進而附身上去，一起跳樓自殺。

常有人在海岸的峭壁等地著名的自殺場所自殺，其原因是之前在那裡的自殺者之靈，拉活人一起尋短。這種靈附身在因煩惱而精神恍惚的人身上，讓自己的感情覆蓋在對方的想法上，促使此人去自殺。

如此，自殺者的同伴越來越多，當達到一定人數時，就會形成特殊的磁場，也就是一種地獄界。換言之，在著名的自殺場所會形成地獄界。

「不知靈性真相」是很可怕的。有人是不知道死後還有生命而自殺，也有人誤以為死了之後便可回到天國而自殺。事實上，這兩種人都無法回到天國。

即便肉體死了，但靈魂卻繼續存在，所以，若想要回到靈界天國去的人，就必須在世間生活時，抱持著能和天國之人一起生活的心境與想法；這就是返回天國的條件。

自己到底能否回到天國，只要好好地想一想：「自己是否持有著和住在天國之人相同的心境？」如此，就可得到答案了。不妨可以自己問問自己：「被痛苦逼得去自殺的人，能夠回到天國嗎？」

現在，日本一年的自殺人數超過三萬人，這是一個很嚴重的問題，其中約兩萬人是中高年齡層。根據調查，每年因工作不順而自殺的中高年齡層的人，約有二萬，政府單位正在緊急尋找對策。然而，若不瞭解靈界的實際狀況，將無從擬定有效的對策。

必須對有自殺心念的人講明白：「放下那些無謂的虛榮與自尊吧！人的

肉體死亡後，真正能帶回靈界的，只有你的『心』而已。」

即使經濟上多麼拮据、沒有了名譽、自尊崩潰，但人生仍可從頭再來。現在因為沒有食物而餓死的人幾乎沒有了，甚至就連在公園生活的流浪漢，都可能營養過度、罹患糖尿病。

如果認為「人生只限於世間」，就會聯想到「自己的人生路已絕」，因而會想到尋死。但如果知道了「人生是無止境」的話，就不會想尋短見了。

在世間的痛苦中死去的人，死後其痛苦會十倍、百倍的增加。反之，在世間生活中能得天國般喜悅的人，回到靈界後，亦可得到十倍、百倍的喜悅。在世間的感受，其強度回到靈界後將會擴大。

如果到了靈界進入了痛苦的世界，那麼在世間所品嘗的痛苦感受，將會被不斷放大。在世間當中，即使會感到痛苦，但一天當中不會全都是痛苦的時間，也會有不痛苦的時間。反之，回到靈界後若進入了痛苦的世界，那麼所有的時間都會處於痛苦之中，那是很不划算的。

人誕生在世間的時候是一無所有，當時赤裸裸的嬰兒，活了幾十年直到現在。死後，能帶回到靈界的，只有「心」而已。如果以這樣的前提進行思考的話，就應該放棄執著，好好地自我反省，然後告誡自己：「在餘下的人生中，雖然不能做得很周全，但要從能夠努力的地方做起，重建人生，然後返回靈界。」

世間是物質的世界，世間修行雖然非常艱苦，但其效果大概是靈界修行的十倍。因此，在世間能夠用一年的時間好好地反省，就等於在靈界進行十年的反省。

人的痛苦之因大都來自我我欲的「自我中心」世界觀，以及「以世間為中心」的世界觀。簡單來說就是「只有世間，只有自己」的世界觀。因為自己有生存的痛苦，所以也要給別人添加痛苦，或是傷害自己的生命尋短等。

這樣的想法必須改變。

這些內容，對於已經深入學習佛法真理的人而言，是最初步簡單的教義。但我希望，有更多的人能至少能達到如此程度的理解。

因心念的不同，既能成天使，亦能成惡魔

此外，也必須要認識到：「『天使』既不是故事中想像的人物，也不是古時候神所創造的。事實上，那些反覆在轉生世間的過程中拯救眾生、使人幸福，在靈界也引導眾人的人，才成為了天使。」

換言之，天使原本是人，天使都有世間修行的經歷。

人類的歷史遠比一般人想像的還要悠久。因此，數千年來，被稱為天使或神的存在，都是曾在地球上生活過的人們。他們引導眾生，即使回到了靈

界仍在繼續工作。

各位必須知道：「自己也有成為天使的可能性，同時，也都有變成惡魔的可能性。不論是天使還是惡魔，都不是被創造出來的，而是自己的心念變成了現實。」

要知道，暴怒之人的靈性表情凶惡，就像頭頂長角，齜牙咧嘴，這種模樣在靈界就會現實化。其心怎麼想，型態就怎麼表現。相反，若持天使之心，回到靈界就會變成天使之姿。雖然靈魂是以身體的形態做自我認識的，然而靈魂是自由自在的存在。

重新思考何謂人的尊嚴

對於那些不知何謂人生尊貴意義的人，死後就有可能墮落到靈界的畜生道地獄去，試著以動物之姿過生活。

若是這樣都還無法暸解什麼是人的尊嚴，有時此人會一時期宿於動物之軀到世間來修行；實際上是會發生這種情況的。

請各位可以想像一下，如果自己的靈魂寄宿在人以外的動物身上生活幾年，不管是牛、豬、馬、貓，屆時會有感受呢？

或許做人會心懷不滿與抱怨、說別人的壞話、怨恨父母、怨恨社會、怨恨公司、怨恨自己無法出人頭地、怨恨自己沒有錢、怨恨沒辦法想吃什麼就吃什麼。但打個比方，如果某人變成野貓生活兩年，從貓的立場來看人類的生活，你會有何感想呢？

此人必會發現，男男女女都過著「國王」、「女王」般奢侈、優渥的生活，此人必定會說：「你們這些人竟然還不知滿足，滿腹抱怨！」

有些人的確是不經過如此訓練，就不知什麼做為人的尊貴之處。靈體是自由自在的，所以寄宿什麼之上都是可能的。（不過，人的靈魂還是以轉生為人為原則。）

本章在前面的內容中，談到了人在即將死亡時，會變成幽靈去通知別人。而有些靈在自己無法直接變成幽靈去通知別人時，有時會透過動物通知對方。自古就有這樣的說法。

譬如，烏鴉在有人往生的時候，常常會有所反應。一大早烏鴉就叫個不停的時候，常常有人說一定是有人往生了。有時那是因為，往生之人的靈魂無法直接地表達，所以藉由附身在動物身上，用動物的喧嘩向他人傳達訊息。也有靈是透過家畜或寵物亂叫，來向別人告知自己已經死亡的訊息。

還有一些較罕見的例子；譬如，人死後，有黑色或黃色的蝴蝶在家中飛進飛出。在這種情況下，過世的人會短暫地附身在蝴蝶身上，用這種方式向別人通報自己已經死亡。

現實中的確有這種利用動物與昆蟲，通報自己死亡消息的事情。所以，人們確實得好好重新思考人的尊嚴，瞭解世間修行的意義，在認知了死後靈魂不滅的事實之上，積極地開拓自己的人生；但願人們建立起這樣的觀念。

第二章

附身的原理

——如何避免被惡靈附身

1・現代科學無法解釋附身現象

靈的附身是古人熟知之事

我曾在許多場合，講述過有關附身的原理，但還不曾以此為主題做論述。對於「幸福科學」來說，附身的原理乃是教義之前提。因此，想要藉此機會對這個主題做深入的探討。

對一般人來說，「附身」這個詞是不常使用的。人們一般使用的詞彙，多半是從學校的課本而來，學校很少教「附身」這個詞，使用這個詞的人，恐怕多半是有學習過宗教的人，其他人則是不常接觸的。

從字意來講，「附」是「附著」的意思，「身」是「附著和依附的人身」，兩個字合起來即是「附著在人身上」的意思。

對早期的人而言，這兩個字是人們非常熟悉的詞，古時常會聽到「被某某附身」等話題。

不過，接受近代教育的人，聽到這個詞的機會減少了。而且，你若是向人說「被某某靈附身」等類似的話，你有可能會被人看成是個頭腦有問題的人。

西醫將靈的附身視為一種大腦機能障礙

一般而言，把靈的附身作為探討領域的，除了宗教，還有醫學之中研究精神病症的醫學，也就是精神科或精神醫院等地方。

所以，當聽到有人說「被靈附身了」、「聽到了靈在說話」、「看到了靈」等話時，多半會條件反射似地認為這個人的頭腦出了問題，並建議對方

「不妨去精神科看看」。的確，是有那種可能性，所以講對了一半，但另一半沒有講對。

這是因為，現代西醫無法從科學的角度，全然地解釋這種靈附身的現象。

雖然西醫知道「有靈附身的現象」，但卻不知道為何會發生這種現象。因為不知其根本原因出自於哪裡，所以也就無法進行科學性的解釋。知道有這種現象，但就是無法用醫學來說明。

所謂「醫學」，是從肉體的角度來研究人，所以難以擺脫唯物論的思考方式。當然，醫學有其使命存在，但對於附身現象，醫學常容易認定「那必定與大腦機能有關，一定是大腦機能或大腦構造上出了問題」。即便把附身現象歸類為精神科的案件，但依舊是認定「一定在大腦發生了某些機能障礙」。

此外，對於「心」，醫學認為那是伴隨腦部作用所產生的反應。「『心』是一種腦部的機能，是一種精神作用。但大腦出現狀況時，精神作用亦會失常。因此，患者會開始講出：『看到靈，聽到靈的聲音』，或者是自己說出：『我是某某人之靈』。」醫學是如此看待被靈附身的病人的。

於是，有很多人被送進精神醫院，但即便是進了醫院，基本上還是無法治癒。那是因為，醫學本身對於附身現象的緣由無法理解，所以也就沒有方法予以治療。醫院頂多只能讓患者吃藥，令其安靜下來，或予以隔離，避免與社會接觸以減少衝突而已。

所以若是某人發生了附身現象，周遭之人對此又不理解，很不幸地，此人就有可能被送到醫院隔離起來。這實在是很令人憐憫的事。

以前，這類事情幾乎都是在寺院處理。

早期，各地有許多具有法力的和尚，所謂「法力」就是指「靈能力」。寺廟的和尚、神社的住持等等，在過去各地有許多累積修行，持有法力、靈能力的修行者。

因此，以前當靈異現象發生後，像「有人被惡靈附身了」或「有人被狐狸精附身了」等事，就會把這個人帶到和尚那裡，請和尚施法除靈。

然而，當今的學校教育已完全將宗教與靈性的事物排除在外，完全不提。「完全不提」，事實上就等同於否定，換言之，就是告訴人們那些事在現實當中不存在。

由於現代人幾乎沒有學習過靈性方面的知識，故無「被靈附身」的想法，亦無做出如此判斷。因此，原本應帶到靈能者那裡求助，卻被送到醫院，而醫院不知病因，只認為是大腦出了問題，於是做隔離處理。

當然，確實也有因為身體的構造上出現某種障礙，從而陷入精神錯亂的人。也就是身體這台「機械」出現了故障。然而，有些情況並非如此。換言之，就是此人的「心」出現了問題，導致會看到或聽到些什麼。

現代，當聽到有人說：「我看到靈了」、「某人的靈來了」等話時，多會被視為精神失常。但若從實相世界觀之，這些認為他人失常的人，反倒才是失常。

2・附身是指「靈依附在人身上」

人是靈性的存在

在這個地球上的三次元世界看似廣大無邊，這是因為人居住在地球表面，所以會覺得這個世界非常廣大。然而，若從大靈界的角度去觀察，就會發現這個世界不過是靈界中一個渺小的浮點而已，靈界才真是浩瀚遼闊。

地球表面距離和直徑是可以測量的，而靈界之遼闊是大不可測。靈界究竟有多大，誰也不知道，靈界廣闊到根本無法去測量。靈界當中的一部分，存在一個和物質有關連的三次元世界，在這個磁場當中居住著人類。

因此，如果不改變想法，則無法理解靈界。

在過去我曾多次強調，人是靈性存在，這才是人的本質。人在靈界長年過著靈性的生活，這才是真正的生活。

只不過，在長年的靈性生活過程中，有時因為世間世界亦在進化，所以當時代轉變的時候，人會轉生於世間。藉由轉生於新的人際關係或物質環境，得到新的經驗之後，再度回到靈界。也就是得到新的覺悟，帶著全新磨練過的個性返回靈界。

當返回到靈界之後，在四次元、五次元、六次元一帶的靈界，以靈魂之姿過一段靈界的生活，等待下一次轉生。

隨著地上時間的流逝，在靈界的此人就會覺得「聽不太懂最近返回靈界的人所講的話」、「最近回到靈界的人的樣子，好像和以前不一樣」，進而發現自己的認識出現了落差。雖然在靈界的人，有些是擔任守護靈、指導靈或支援靈的角色，協助世人修行，但時間久了之後，就會漸漸覺得無法全然理解世間的情況。

於是，此人自己就會產生「該是轉生世間的時候了」的想法，之後，此人便再次轉生於世間，磨練新的感覺。

人就是如此輪迴轉生的。

從靈界看世間乃是不安的世界

若無視靈界與世間的關係，單以世間為中心看待事物的話，將會本末倒置。靈性的生活才是原本的生活面貌，是本業。但在世間卻看不到這真實的一面，只能以剩下的十分之一左右的靈性感覺生活。

從靈界的角度、靈體的角度來看世間世界，就會感覺到這個世界像是深達幾百、幾千公尺的煤窯坑道，行走在其中，只能用頭盔上的小燈當作照明。從靈界來看這個世界，即是充滿如此不安的感覺。

從靈界來看，這個世界雖然也有光亮，但十分地模糊。周遭都是一片黑，完全不曉得現在自己走到了哪裡。

雖然世間上的人，以為自己的眼睛可以看得很清楚，但若從靈界來看，世間的人們皆是處於看不見的狀態。雖然世間之人能看得到三次元物質世界，但就靈界之人的感覺而言，世間之人彷佛完全看不到一般。

據說昆蟲或動物的眼睛，看不見色彩只有黑白的差別。同樣的道理，在靈界人的眼裡，世人就像看早期的電視機，或早期的黑白照片那樣，只能看到模糊的黑白影像世界，看不到世界的真實姿態，有一種不是很踏實的感覺。

從靈界的守護靈與指導靈的角度來看，世人就像只靠一盞小燈，行走在幾千公尺地下漆黑的坑道，非常危險且容易發生事故，十分令人擔心。

他們對著地下綿延好幾千公尺的坑道呼喚：「喂～要注意安全啊！出口在這裡啊！」雖然他們能如此呼叫，但世間之人要想不迷路走出坑道，實為困難之事。

世間生活即是如此，如果不改變想法，就無法看見真實的世界。

此世的物質世界，處於一種非常特殊的環境下。為了在這個物質世界中生存，人被賜予了肉體，並且在這肉體上，被賦予了和動物一樣的求生本能。

依據這種本能，便可活下去。如「想吃就吃」等等，人只要按照自己肉體的本能生活，就能夠在世間活下去。這個本能好似彈簧發條那樣，驅動著人類在世間生活下去。

然而，在世間生活的過程中，容易忘記了靈界的事情。

或許有人會問：「為什麼會忘記？」有些科學家或不相信靈界的人或許會說：「為什麼每個人都忘了靈界之事？為何都不曉得？這個理論不是很奇怪嗎？」

但是，如果實際上真能夠看得到、聽得到、感覺得到靈性之物的話，情況又會是如何呢？若真是如此，人們將難以於三次元世界中生活下去。

靈性存在可重疊在一起

靈界當中存在著與世間完全不同的定律。

譬如，在世間當中，兩個拳頭完全無法重合在一起，相互撞擊之後必會彈開。因為兩個拳頭是完全不同的存在體；這是世間的法則。

在世間當中，在相同的場所或空間，不同的物體不可能同時存在。不同的物體必會彼此碰撞，彼此不能同時存在於同一空間。

然而，靈界的法則卻不然。即在相同的空間，不同的靈體可同時存在。在靈界，靈人在路上相遇，即使身體相互碰撞，也可相互穿過彼此的身體。

當靈人意識到對方存在時，可知道自己與對方「擦身而過」；但當他們將意識注意別的方向時，彼此可能無所察覺。因此，即使住在相同靈域，也經常會有察覺不到對方的時候。

人在世間不能穿越牆壁，但是靈卻可以穿牆而過。總之，在靈界當中，不同的靈性存在可以同處於同一空間，彼此可以相互穿越而過。

附身的原理便與此有關。

物質不能同時同處於同一地，而靈卻可以雙重、三重地同處於相同的空間。

人們靈體比肉體稍微大一點點，並且是一個肉體當中有一個靈體。然而，當自己的肉體當中，進來了一個自己以外的靈，屆時會變成怎樣呢？靈可以附著在物體上，也可以對物體施展推力。除此之外，不同的靈還能夠彼此重疊。

附身是指靈對於世間之人產生了影響的狀態

對於「附身」，在學術上，多半是指在某種程度上看得見的現象。在熱帶或亞熱帶的叢林中，降靈的巫師突然變得精神恍惚，感覺像是變了一個人，時而舞動、時而唱歌，或者突然間說起話來，這種狀況會持續一兩個小時。

過程中，祖先之靈或神靈降身，圍在周圍的人能夠明顯地看到這種異常的景象。

以田野調查的角度來說，稱此為「附身現象」。這種可以很明顯感受到有另外的靈在活動的現象，都被稱之為附身。

類似現象在日本也有；譬如，古時巫女、神主施法後，渾身顫抖震動，外靈降臨於其身。

此外，有一個被視為「異端性極強」、倍受批判的「巫毒」（Voodoo的音譯）宗教，屬非洲土著宗教，目前在海地很流行，遍及於海地全國。這種宗教也進行降靈，在祭典時，眾人同時變成被靈附身的狀態，身體動來動去。

在非洲、印尼與南美地區，可以說只要有古老宗教傳承的地方，都能看到這種現象；印地安地區也是如此。

在當地，類似這種附身現象每個人都很熟悉。在部落當中大都有像降靈、通靈的巫師那樣的人。這樣的人常會兼任酋長，為部落的人們解除煩惱和困惑、治病等。推測日本神道當中的巫女或神主，原本亦是擔任如此角色。

就像這樣，這種可以眼見為憑的靈性現象，或讓人感到「有某種靈下來並在動」的狀態，多被人們認作是附身的狀態。

然而，我是從更廣義的角度，來定義附身。即便不是任何人都能清楚看到的附身狀態，只要是「靈界的某種存在，時常或暫時依附在某人身上，並達到影響此人的狀態」，我就稱之為「附身」。

「附身」這個詞本身，有一種「此人被惡靈依附」的負面印象。然而，在附身當中，當然也有「降神靈」或「神靈附體」的狀況，所以，原本「附身」與靈的善惡無關，重點在於講靈附身的狀態。

即使不是靈能者引發的附身狀態，只要是正常的人，被特定的靈造成了一定了影響，這就可以說是產生了附身的現象。

所以，既有可能被惡靈附身，但雖然不用「附身」來形容，當守護靈經常給予靈感之時，也是一種近似附身的狀態。

靈界之靈，地獄靈與天國靈有天壤之別，而地獄靈亦無法總是附身於世間之人。唯有在世間之人，適合附身的狀態時才能前來，若非適合附身的狀態就得離去。

他們在離開世間之人的身上後，只能回到原本的「戶籍地」，即自己應居住的地獄。地獄當中有餓鬼道、畜生道、血池地獄、阿修羅道等等不同的地方。這裡就是他們原本的「戶籍地」。當世間的人出現了適合其附身的狀態時，地獄靈就會依附其人，意圖駕馭。

另一方面，天國之靈當然在靈界也有其工作。守護靈等雖說在關心著地上的人，但他們有自己的工作，在靈界有自己的生活，在有必要給予其靈感時，才會前去建議。

因此，附身之現象可以持續一段時間，但之後便會離開；也就是時而附身、時而離開。

蒙上影子——靈也可能雙重、三重地存在

被靈附身時，會對於原本宿於肉體中的靈魂造成影響。

在英文當中，對於這種對人的靈魂產生影響的狀況，稱之為Over Shadow。附身，從某種意義上來說，就是一個靈像影子一樣，遮蓋住另一個靈。如果此人的靈魂傾向，與附身靈很相似的話，靈就有可能兩層重疊，甚至還會有三層重疊的情形。

「幸福科學」的會員，在支部觀看我的法話影帶時，若仔細觀察，有

時我的頭部的四周常會發出光芒來。就在我的頭周圍，會發出長達直徑十公分、二十公分左右的金色光芒。雖不是一直持續，但是在我講話的時候，會經常發光。

此外，在我的身體四周，會出現像圓盤那樣的金色光輪，或是在頭部上方出現金色的光柱等。

有很多人在觀察我的法話影帶時，會有如此體驗。仔細觀察，真的可以看到金色的光芒。

這即是所謂「後光」（光背）。通常，出現金色的光芒時，代表此時有支援靈降臨，並與我的靈體重疊。當出現光柱時，常代表來自天上界之光降臨下來。

如此，靈體可多重存在；靈亦可以藉助其他靈之力量。

3・附身現象因「緣」而起

波長同通的法則

若進一步論述「在什麼情況下才會產生靈魂附身現象」的問題，就必須談到一個不可忽略的法則，那就是「波長同通」法則。這是「幸福科學」常用詞彙，亦是絕對必須要瞭解的詞彙。

各位皆是存在於三次元世界，各位的心也被封閉於世間當中。然而，心是靈魂的核心部分，常與超越世間的世界相連結。

心，若明確地說，就像是磁鐵一般。各位的心所發出的波長、調頻，能夠與靈界的各種各樣的存在進行交流，相互產生影響。

「心是怎樣的磁鐵，又會吸引什麼而來？」這便是解開附身現象之謎的關鍵所在。

譬如，若想知道現在自己被什麼靈附身了，或者是什麼靈靠近而來了，其最簡單的方法，就是去看看自己的心目前是什麼狀態。大概那些和你有相連結的靈，都有著和你的主要想法相同心念的靈。

這波長同通的法則雖然不易理解，但如果實際去感受，就會發現果真如此。

對此，我常用「猶如看電視節目需要調整頻道」做比喻。

即便電視台發射出訊號，但如果不把電視的頻道調到正確的位置，螢幕則不會出現影像。頻道調對了，影像自然呈現出來。收音機也一樣；頻道調對，波長符合，就能接收到信號了。波長不對，即便有訊號，也聽不到聲音。

心的世界也是如此。從靈界的地獄界或天上界，會傳來各種「廣播訊號」，但地上之人的波長若不與不合，就不會相通。

美國有個名叫SETI（地球外智能生命探索）的計畫，其目的是希望從來自全宇宙的各種訊號中，篩選出「人工訊號」的部分，這項工作已進行了幾十年，投入相當多人力物力。但畢竟來自宇宙的訊號繁多，實在難以分析篩選。不過，最近倒是傳出了「已截取到了一些類似人工的訊號」的消息。

事實上，整個靈界的各種各樣的存在，都在發出各種波長的訊息。只要在地上生活的人所發出的波長，與這些波長相一致，兩者即會波長同通。當心相通之時，或有必要之時，靈就會前來。

靈之間知名知姓容易聯絡

靈界浩瀚無際，即使自己返回了靈界，想見到各種人也非易事。在浩瀚無際的靈界，誰在哪裡完全不知。自己想見之人，到底是在上面還是在下面，是在遠處還是在近處，全然不知。

在靈界，要想與某個靈互通，應該如何做呢？

當然，波長、心態相似時彼此會相互吸引，你會被招返到自己原本應該去的世界。這是依據「心的同通作用」，進而進入相同的世界。

除此之外，如果你和對方「彼此認識」、「知道對方的長相」、「知道對方的名字」，當呼喚對方的名字時，一瞬之間心即相通。如果不只是名字，連長怎麼樣都知道的話，就更容易相通了。

世間之人在想和靈界之人聯繫時，若不知道對方的名字，也很難與對方聯繫上。

反之，從靈界的靈人之立場來看，如果讓世間的人們都知道了自己的名字，就會接收到許多世人的各種心念，因此，靈人多不喜歡公開自己的名字。在各種宗教出現的神明，也大多不願公開自己真正的名字；這倒未必是欺騙。

這與讓別人知道了自己的電話號碼後，對方就可能打電話過來一樣。從靈界的法則而言，如果清楚地知道了名字，知道對方是誰，肯定就會開始連絡。如此一來，即使是靈，也是很不得了的事。

這倒不是說全面回絕，但如果每個人都打「電話」來，就很傷腦筋了。所以不管是日本神道或者是其他的宗教，其神明常常會將自己的名字隱藏起來。在用真名指導無妨之時，才會公開姓名。但通常都不太會講自己真正的名字，而會施以方便，用其他名字，不告訴世人自己是誰。

如果神明顯現真正的樣子，告知真正的名字，世人就可能與之聯繫。反之，不公開自己的名字，對方就連不上線。

總之，「心的波長相同之時」、「認識對方」、「知其姓名」等等，只要和對方有某種「緣」，就能和對方聯繫上。這也正是所謂的「緣的法則」，無緣則不相通。

與靈界相連結之地

當然，也存在著空間的「緣」。譬如，「去某寺廟拜拜時結上了緣」、「掃墓時結上了緣」等等。因為某種場所、空間而產生了緣，使人們與靈建立起關係。

靈界廣大，為了要捕捉到對方，如前述，就必須讓周波數相合，或者瞭解對方。這與「知道了對方的電話號碼，就可以打電話過去」同理，當確定對方在何處時，就可以聯繫對方。此外，也有「前往某個場所就可見到對方」等場所之緣。

日本的四國有人稱「八十八處」的寺廟名勝。這些寺廟在寬闊的地方建立本堂，安置本尊，許多人來到那裡參拜，那裡即成了與靈界相連結之地。那就好比是電信總局一般，人們透過此地與靈界相通。

若是靈能者，即便不去那種地方，也能與靈界之靈人相通。不過，像寺廟等地，可說是受靈人之託，人們來到此地，可以和靈人進行交流的裝置。

在日本神社舉行結婚典禮時，都會讀誦祝賀詞。當讀誦祝賀詞時，那些負責牽紅線方面的神明即會降臨。真的是瞬間降臨，靈能者等能夠敏感地感受到。這畢竟是發揮了宗教方面的作用。在基督教的結婚儀式上，基督教系統負責祝福的天使也會降臨。

特定場所或形成宗教性磁場的地方，常會有相關的靈人降臨。

靈魂附身現象常在舉行宗教儀式時發生。譬如，進行祭祀等儀式時，有許多人聚集且有所期待，透過這個祭典，向靈界發出了「邀請函」之後，有許多靈會感應到，特別是祖先之靈或某某神明很容易降臨下來。

靈界之靈平常在靈界有其工作，不會來到世間，但在世間舉行祭典，眾人聚集並有所期待時，他們有時會前來。換言之，祭典的時候較容易降靈。

靈性現象有很多是邪靈所引起的

如前述，附身現象容易發生的情形為，波長同通的時候、知其名認識其人的時候，以及某些特定的場所。此外，還有另一種容易發生靈魂附身現象的狀況，雖說也與場所有關，但是是發生在宗教團體當中。

世間上有各種宗教，其中有的與天國連接，有的與地獄相通。所以可以說「信什麼宗教」，類似在下賭注，賭錯了就會招來惡靈。

即便是會產生很多靈現象的宗教，也可能與惡靈搭上線。一般不會被惡靈附身的人，如果前往不好的宗教進行修行，反會被惡靈附身。因為那裡有各式各樣的靈，如果在那裡與那些靈發生了深度的接觸，彼此之間的關係加深的話，就會被附身。

在引發許多靈現象的宗教當中，容易聚集各種靈。其中既有人靈，也有動物靈，各種靈聚集在一起，有時很恐怖。把這些靈請出來很簡單，但要送他們離開就很困難了，所以還是不要隨便靠近那些奇怪的地方比較好。

譬如，在日本十幾年前有個奧姆真理教，幾乎所有的人都認為那是邪教，但至今其信徒還有數百至千。其原因很容易理解，因為那些信徒在該宗教內部曾有過靈現象方面的體驗，所以認為發生了靈現象，那就表示是真的。

在宗教中進行集團修行，有時會發生靈現象。譬如，一大群人拼命地唸曼陀羅（咒文的一種）或讀經、進行瞑想等，有時會產生「靈動現象」，身體開始動起來。有時會手舞足蹈、身體動來動去、左搖右晃，或者是上上下下地跳動等等。

當有了如此經驗時，會誤以為「這就是真的」，因而相信，故對其難捨難分。

世間之人對於靈方面的知識太過無知，所以一見靈現象發生，就容易以為「這是神明，是佛的力量」。然而，在世間這個地上世界容易發生的靈現象，多是「不成佛靈」所造成的。（編注：死亡後不能順利地返回天國的靈，稱為「不成佛靈」。）世間當中有很多這種不成佛靈，所以錯誤修行的一開始，所引來的多是這種靈。

如果尚未有高深的修行，心的狀態又非那麼純潔，但很快就有靈前來，那麼大都是不成佛靈之同夥。如此，當靈現象成集團性地發生時，並不會招來太好的靈。若是有長期修行累積的人，或許能夠招來較好的靈。但在集團性的粗略修行中，一下子發生靈現象，招來的多是邪靈。

其實那些靈正陷入迷惑，是希望獲得拯救而來。他們希望能在這個宗教當中得到解救。於是便出現了，人來到這個宗教是為了得救而來，靈也是為了想得救而來的現象。

隨之，各種人在那裡膜拜，靈就順勢附於其身，亦即「附身」。然而，被附身的信徒反倒以為「神明降臨而來」，因而感激不已；而這不成佛靈，在覺得自己受人尊敬時，也感覺到自己好像得救了。

如此一來，前來附身的靈，覺得自己做了好事、積了功德；被附身的人，也覺得自己已非凡人，有變成了超人的錯覺。兩者處於皆大歡喜的氣氛中，都誤以為「自己得救了」。

也有時會出現另外一個靈前來附身，把原先附在人身上的靈趕跑，於是發生了人的疾病被治好的現象。確實，被某種靈附身而生病後，若又來了其他更大的靈，趕跑了原先的附身靈，是會出現當事人病癒的現象。因此，有些當事人便更加虔誠信奉。

所以，即便是邪教團體，也有可能因為這樣而將疾病治癒。

4·「執著」會招來地獄靈

附身在肉體「穴位」的動物靈

人在生病的時候，肉體損傷部分的靈體，有時也會同樣地受傷。針灸或推拿講究穴位，而動物靈就是附著在人的肉體穴位上。

靈之所以能夠附身在人身的某個部位上，簡單地講，就因為那個地方可以停靠。就東方醫學而言，「穴位」主要分布在頭部、脖子、肩膀、背部、腰部以及腳等部位，這些「穴位」正是靈可以攀附和停留的地方。

被靈附著的部位，在外表上常會呈現出淤血的現象。淤血處多半是因為過度疲勞或疼痛所致，但在靈視下，便可看出其陰暗的影子，附身靈會尋找到這裡攀附。

譬如，罹患風濕病的人，常會覺得腳總是感到冰涼，此時，多有蛇靈等緊緊地纏繞在其人的腿腳之上。

有慢性頭痛症狀，老是喊頭痛的人，也可能被動物靈附著在頭部。於是，此人會感覺到頭好像被毛巾纏住了，可仔細一看，卻是長長的蛇靈纏繞他的頭上。或者是狐靈等，用前腳緊緊夾住了他的頭。常喊頭痛的人，有時是被動物靈附身，頭部被動物靈壓迫所致。

還有肩膀或脖子異常疼痛的現象，可能也是被惡靈附身；腰痛的情況也是一樣。

總之，肉體有可能在上述情況下被靈附身。

怎麼樣的心會被靈附身？

被靈附身在「穴位」，其起因是什麼呢？

當然，被附身時，其靈體一部分會感到疼痛。而與靈體的疼痛，有相關聯的是「心」。換言之，附身的原因來自於「心」。

前述曾提到「波長同通的法則」，也就是說，靈要附身就一定有附身的理由，如果毫無理由的話，也就不會附身了。之所以被靈附身，那是因為附身者與被附身者的心是相同的，兩者具備了同質之心。

那麼，怎麼樣的心會被靈附身呢？

眾所周知，地獄界是天上界之光、靈太陽之光無法照射到、陰暗潮濕的地方。反之，天上界永遠是白晝，那是因為有靈太陽之光的照射，天上界的靈皆藉由這種光為生存的能量。

地獄界則是存在於被大片烏雲籠罩的地方，這烏雲，便是世人與地獄界之靈的邪惡心念所營造出來的。無論是如何強烈的光，皆無法穿透這重重烏雲，因此在其下方是黑暗的。

打比方說，地獄界就像是山岩洞穴或地洞。總之，地獄界是光無法照射到的地方。

那麼，怎樣的心無法讓光照射到呢？簡而言之，即「與光相反的心」。

當持有與光的特性相反的心時，即使光照射過來，也會以陰暗去阻礙。

所謂「與光相反的心」是怎樣的心呢？

活在世上的人持有這種心時，首先是有煩惱或種種擔心等。人有了煩惱或擔心，心情也會隨之變差。

人在世間，不可能完全沒有任何煩惱或擔心的事，每個人都會有煩惱與擔心。只不過，就世間的角度來看，有些事只要自己發揮一定的實力，就可以解決，但是當無法解決的時候，己心反而會被其糾纏。漸漸地，心被束縛在一點之上時，最後便無法逃脫了。

此狀態一旦長久持續，即煩惱長期集中於一點之上時，就會讓地獄靈看上去像是有人放下來一根繩子似的感覺。地獄靈看到繩子後也會感到困惑：「這是什麼？這是要我爬上去的意思嗎？」於是，地獄靈就真的順著繩子往上爬，還會問你：「有何貴幹？」

煩惱長久持續集中於一點上，就很容易發生這種狀況。

自殺者的靈會附身在想要自殺的人身上

近來自殺的案件日益增加。

特別是，有不少企業經營者，因為「公司財務赤字，無論如何努力也沒有用」、「在新的生意上遭受了挫折」、「拿不到銀行貸款」等理由而自殺。或者是，被調派到引發金融問題的銀行，但無法力挽狂瀾，感到難辭其咎進而上吊自殺的人。

這些人不是壞人，但是當他們的煩惱，停滯於某一點，且無法解決時，這種痛苦的波動，就會吸引波長相同的靈前來。

之前自殺的經營者的靈，會來到試圖自殺的經營者的身旁。在一兩年前、十幾二十年前自殺，並在地獄受苦的經營者之靈，或者是還沒落入地獄，依附在自己公司、家裡，痛苦呻吟著的經營者之靈，當他們發現到有人與自己生前的狀況一樣時，就會因其心念相同而附身過去。

這種靈或許是有著「同病相憐」的想法，但事實上，這樣做沒辦法幫助活著的人，而是硬拉著此人前往靈界。從客觀來說，這如同是將活人扯入泥沼，透過增加同伴，以求得安慰的做法。

這些靈未必都是惡意地將世人拉到靈界，有時他們自身也是處於迷惑之中。被這樣的靈附身時，此人會感到更加悲傷與苦惱。於是，就更是覺得前途渺渺，進而真的尋死。

宗教提示了煩惱與痛苦的解決之路

煩惱與痛苦總是伴隨著人，但自古以來，宗教提示了煩惱與痛苦的解決之路。

長久地抱持著煩惱與痛苦，就會形成「執著」，而無法逃脫。如此狀況長久持續下去的話，就會非常危險。因此，人必須要放棄執著，讓心獲得解放。其解放的方法有，譬如，向佛神做祈願或祈禱，或者是進行反省。

此外，佛教有「諸行無常」的教義，即「世間的事物、任何有形之物，最後都不會殘留，一切皆會毀壞」。

其意即是覺悟到：「房屋與家庭終會崩解。必定會與懷念、喜歡的人別離。口中的『公司、公司』終究也會倒閉，沒有永存的公司。世間一切終會變換，一切皆是無常。」

看起來這種想法有些悲觀，但佛教藉由教導這無常之理，倡導人們要斷除名譽欲、事業欲以及其他對世間的執著。

如此才能解開心結，令惡靈脫離。

各位必須要放棄那些讓自己煩惱擴大的想法。

除此之外，藉由光明思想的教義，讓己心充滿光明，亦能讓心的波長不與惡靈相通。

就像這樣，各種宗教教導人們各種各樣的方法，令惡靈脫離。

簡單來說，若是長期抱持著煩惱，必會吸引與這煩惱的波長相同的靈附身。進而，譬如已過世的經營者之靈，發現有人有著與自己相同的煩惱，便誤以為那是自己的公司，而找上門來。

5．起因於不成佛靈的不幸再擴大

有一些靈連自己已經死了都不知道

醫院癌症病房等地方，常會有人過世。對於那樣的醫療設施的好壞，難以一概而論。

在癌症病房過世，未能順利返回來世的不成佛靈，大多還會繼續逗留那裡，這樣的靈有很多。當新患者入院時，這些亡靈會想：「又有『新客』來了！」並且與這新患者一起重複體驗相同的經歷，即死亡體驗。換言之，即是反覆地體驗「入院、死亡、入院、死亡」。

因此，有些住院大樓變成了像地獄一般的地方。

這樣子的靈，自己不曉得如何從這痛苦狀態當中逃離出來。由於他們不瞭解靈界是條理分明的世界，所以才會一直對世間和肉體執著不放，一直說著：「我不想死，我不想死。」

他們因為罹癌而死，已經沒有了肉體，卻還不知道自己已死。對於這類事情，在學校教科書中是完全沒有教的，所以，沒有學習宗教的人，對這個事實難以瞭解。

因此，這些亡靈會認為：「自己還具有意識，這代表我還活著。」他們覺得：「既然自己還有意識，就證明自己還活著。」

而且，他們還看得到醫院的狀況，認為自己還住在病房，不認為自己已經死亡。總之，他們認為自己還是活著的病人，甚至還會為「護士與醫師沒有照顧自己，服務態度太差」而生氣，有的則大罵：「為什麼讓別人睡在我的床上，真是亂來！」

如此，「已經死亡的靈和活著的人一起生活」的現象，真的是非常可憐的事。

皈依正確宗教非常重要

雖然，改變世間之人己心的想法，即能去除掉附身靈，然而，有太多的人死後成為了不成佛靈，沒有回到靈界，導致靈魂附身的狀況持續不斷，這是一個很大的問題。

因此，若宗教無法發揮其力量，真的是一件很麻煩的事，因為那會讓世間到處都是不知基本真理的人。

在醫院死亡的人，各自的地位和學歷不同。其中有的學歷高、有的學歷低、有的富有、有的貧窮。然而，「死亡之下人人平等」，死亡之時，所有的人都受到相同待遇；沒有人在死亡之後，受到特別待遇。對於沒有覺悟的人來說，救贖也不會即刻來臨。

「瞭解到人並非是肉體存在，而是做為靈，是靈體的存在」，這是第一階段的覺悟。然而，不相信這第一階段覺悟的人，大概占了七成左右。或許有人對此是朦朧地相信，但能確信這是真實的事，而且自己也不例外的人還是非常少；這真是令人心痛的現實。

從生前開始即相信宗教，並皈依正確的宗教是非常重要的，因為這可讓自己在死亡之後早獲解脫。當然，在靈界當中也會有人前來幫助自己。

如此一來，離開了世間之後，自己所必須做的事情，就只有將習慣以肉體意識為中心的生活，轉換成以靈體意識為中心的生活。如此改變心境，不是一件易事。

由於意外死亡造成和遺族之間的「靈障」

對於沒有靈性感覺，也沒有覺悟之人來說，如果遭逢意外而死亡，那麼前往靈界的旅程恐怕很艱辛。

因病而死亡的人，或許自己還會有些自覺，但對於在交通事故等中突然過世的人來說，因為此人還打算自己可以活個十幾二十年，但突然身亡，留下了工作和家人，即使有人勸說不可再對世間執著，但似乎也很難把話聽進去。

此人或許會想：「孩子還在唸小學，這如何是好？」或者是擔心自己的太太，擔心家產如何處置等等的問題。在這種情況下，要他不可再對這些事煩惱，也是無濟於事，他還是會一直煩惱。

因為此人的心，還是被這些問題給牽絆住，所以無論如何都想要回到自己的家去。幾乎所有亡者之靈都會想回到家中，留在太太與孩子的身旁。

此人的意識，完全都是集中在：「總之，這些事情非解決不可！」完全不知道自己會對家人產生不好的影響。

此人原本是擔心妻小或孫子，但也不能待在墓地，也不曉得要回到靈界哪個地方，最後無處可去，但因為對世間有著執著之心，其結果就是附身在家人身上。

被這種尚未回到靈界的靈附身時，世間之人會覺得身體變得沈重，或身體感到不適。此外，煩惱也會增加，反覆對同一件事放心不下，心情很難開朗起來。

有些不成佛靈，即使自己沒想做壞事，但總是徘徊在家人的週遭，其結果還是給家人帶來不好的影響。

此外，還未自覺到自己已死的靈，還會埋怨自己回到家了，家人卻完全不理不睬，孩子和老婆連話都不答理。在如此情況之下，總是會想要做出點什麼事來。

這就是所謂的「靈障」。在如此情況之下，靈總是會想要做出有負面影響的事，製造出「壞消息」。

譬如，家人、子孫會突然遭逢事故受傷，或突然生病等等。他們可能會覺得：「真是奇怪！到底是怎麼回事？會不會是死者之靈陷入迷途，而跑回來了？」。的確，不成佛靈有可能會做出這類的事。他們無法成就好事，但做壞事卻很簡單，一做就成。

像這種不好的狀況持續發生時，家人就會覺得情況有些詭異，其中有的人便會來到「幸福科學」尋求協助。

總而言之，無法順利返回靈界的靈，有時會向家人發出各種訊息。從某種意義上來說，之所以會出現這種情形，就是因為這些亡靈還沒有覺悟；這就是「雖無惡意，但卻讓不幸擴大」的例子。

積極地使人陷於不幸的「惡靈」

對於這種不幸的靈，我經常用「惡靈」這個詞來稱呼。「惡靈」和「善靈」是相對使用的。

有些「惡靈」會積極地行惡，讓人覺得是故意地加害他人，他們明明知道自己已經陷入迷途，但還是刻意地繼續做壞事。

他們積極地帶給世人不幸、破壞幸福，因為他們認為「反正自己無法獲得幸福了，所以要讓別人也遭逢不幸」，在這樣的怨恨心理下製造人們的不幸。

譬如，有些如因事業不順、公司倒閉而自殺的靈，會產生「自己已沒救了，至少我要讓那個朋友的公司也倒閉」、「我要讓曾嘲笑過我的親戚遭遇不幸」等想法。

如此，這種心地險惡、積極做惡的靈，就是名副其實的「惡靈」。如果對惡靈放任的話，這些惡靈就會繼續為非作歹，到處行惡。

「如果自己不能幸福，也要讓別人遭遇不幸」的想法，我想各位內心當中，不能說完全沒有吧。「如果自己沒辦法獲得成功與幸福的話，至少也要讓別人同樣遭遇不幸，這樣才會取得內心的平衡」，如此心念一旦累積，便會形成一種很大的力量。

當看到在世間過著普通生活的人，過了幾年、幾十年離開世間之後，竟然變成如此可憐的姿態，真是會令人感到惋惜。

堅信唯物論的人，死後無法拯救自己

幾年前，有一部電影叫《靈異第六感》（*The Six Sense*），其情節是在敘述一位被殺害的精神科醫師，不知自己已經死亡，還自以為活著，持續地進入精神分析。後來突然察覺到自己已死，變成了亡靈。

就像這樣，即便是精神科的醫師，死後也可能不知自己已死。因為他們腦中只有唯物論方面的知識，只會想「自己不過是腦部出了問題，可能是藥物的副作用」，所以死後他們連自己也救不了。這絕非是笑話，而是現實。

不只精神科醫師死後無法拯救自己，或許在哲學家當中，也有很多人在死後無法拯救自己。這些人自以為很聰明，通曉宇宙真理，所以不聽別人的勸說，因此無法得救。

除了這些唯物論的醫學教授或哲學家，儘管是佛教學者，也有人不相信有靈魂世界的存在，主張靈魂是不存在的。想要讓這樣的人順利回到靈界，是非常困難的。

很遺憾地，若不讓他們品味地獄的反省旅程，就很難改變他們的錯誤觀念。對於他們來說，現在眼前所發生的事和自己生前的常識，出現了重大落差，除了讓他們自己去體會哪裡出了差錯，否則幾乎無法拯救。

6．如何避免被地獄靈附身

拋棄嫉妒與抱怨的想法，端正己心生活

前面對於附身進行了各方面的闡述，但若是能與守護靈或天使們相通，並不是壞事。但畢竟能與天使相通的人不多，通常前來對話的都是守護靈比較多。

然而，若相通的對象是地獄靈的話，就會出問題了。因為地獄靈會對此人的人生造成負面的影響，造成許多人的不幸，所以，被地獄靈附身現象是必須加以遏阻的。

我曾講述過：「附身現象是由於心的波長同通所造成的。」那麼，什麼樣的心念是不好的，什麼樣的心念是負面的呢？

譬如，對人嫉妒的心念；再來是抱怨、不平不滿之心念；罵人、持續惡語傷人之心念；還有偏見之心。

此外還有被害妄想之心。容易患「靈障」之人，基本上有很多人是有著被害妄想。他們會經常覺得「自己總是被欺負、受害、受損失」。

這些有著被害妄想的人，容易同時產生「那個人很壞」、「周遭的人都不好」的想法。這些人常常會說：「都是父母親害的」、「都是朋友害的」、「都是老師害的」、「都是上司害的」、「都是同事害的」、「都是男女朋友害的」、「都是環境害的」、「都是公司害的」、「都是經濟害的」等等。總之，對於眼前的狀況，自己沒有責任，都把負責推給別人。

這種總是覺得自己毫無責任的人，很容易引來地獄靈的附身。

此外是容易憤怒的心。不管是誰，有時總是會生氣，但如果是週期性地憤怒或總是在生氣，大致上此人就會和地獄界相通。整天從早到晚都在生氣，無理取鬧地責罵別人的人，很容易招來地獄靈附身。

總之，動不動就大怒，東罵西罵或抱怨的人，以及有被害妄想傾向的人，拼命責怪別人，把責任推卸到別人身上的人，都容易招來地獄靈附身。

此外，認為自己很差、很沒有用，對自己的評價很低，自己把自己看成是垃圾，找不到自己生於世間意義的人，地獄靈也會找上門來。這樣的心，就好比是烏雲之下黯淡之心。

六大煩惱——「貪・瞋・癡・慢・疑・惡見」

所謂負面的心，在佛教理論當中，主要就是指「貪・瞋・癡・慢・疑・惡見」之六大煩惱。

所謂「貪」是指貪欲，亦指過度的欲望。任何人都有欲望，但如果欲望過度，就會讓周遭的人感到討厭，認為「這個人的欲望過度，只做了一點事，就想獲得那麼多報酬、就想拿那麼多的錢」等。

在古裝劇中，常有「正義之士痛擊惡劣地方官府」等故事情節，這些惡人多是有過度的欲望，想多撈錢、走旁門左道等；這樣的人有太多的貪欲。

「瞋」是指憤怒之心，如前所述，就是一下子就憤怒起來的心。這樣的人容易被動物靈，特別是蛇靈等附身。

「癡」是指愚癡之心，自己做錯事因而吃苦頭，自作自受的人就是這樣，特別是愚癡於宗教的真理。有很多人的想法與宗教真理正好相反，所相信的信條和我所說的真理正好相反。這些人認為「世間的享樂就代表一切」，進而沉迷於快樂中，不追求精神向上提升，只希望獲得物質與肉體上的喜悅，這種人是愚癡的；這即是「癡」。

許多人即使智商很高，在學校成績也很好，但卻很愚癡。像這樣因為

「癡」而導致的痛苦，容易招來地獄靈附身。

「慢」是指慢心，即傲慢不可一世的心。傲慢之心，容易導致從高處墜落，進而痛苦。而這痛苦之中，通常就會出現通往地獄之道。傲慢、目中無人是失敗的捷徑，有很多人因為傲慢而失敗。

「疑」是指持疑、不信之心。多指對佛法真理持疑，也指對人猜疑心重，不率直之心。

「惡見」是指思想或見解上的錯誤。

錯誤的見解有很多種。其中有的是學校教的，其後形成了政治思想或經濟思想等；也有的是某些團體或宗教的錯誤教育所導致。

若吸收了錯誤想法，產生了錯誤的觀念，看任何事都會變得不對勁。因此，在錯誤的宗教團體中，持有著錯誤思想的人，除非脫離這個錯誤的宗教，否則是很難獲得覺悟的。這就如同加入了強盜集團的人難以覺悟一樣，與持有著錯誤思想的人在一起，要達到真理是非常困難的。

在我們的周遭，「惡見」依然很多。即便是知識份子，也有許多人持各種惡見。特別是容易散播惡見的就是媒體記者，透過報紙、電視與週刊的報導，錯誤思想如洪水般地擴散，致使社會的混亂擴大，讓地獄界有機會再進行擴大；這種狀況是很常見的。

「貪・瞋・癡・慢・疑・惡見」，可以將此視為負面之心的基本要素。除此之外，就感情層次而言，如前所述，容易生氣或抱怨，習慣把責任推於別人的人也是一種負面之心。同樣，「口德很差」、「行為不良」、「生活紊亂」也是負面之心的表現。

在健康生活上用心

從另一方面來說，容易招引惡靈附身的另一項原因，便是在健康生活上出現了問題。

因此，生活有規律和適度地讓身體休息，也是很重要的事。

即便是一個持有正心之人，若過度地疲勞的話，天上界之靈也難靠近。反之，疲勞的時候，容易引來惡靈。

要擊退惡靈，需要念力。若沒有一定的念力，則難以擊退惡靈。平常在健康生活上用心，這也是保護自身不受惡靈侵犯的方法。

還有一些增補靈力的方法，在東洋醫學的漢方當中，大蒜、人參等都可增補精力與靈力，有許多類似的靈藥，這些多少都有些效果。因為它們帶有靈性能量，吃下去可以使精力變得充沛起來。不過，我不贊成長期依賴這些食物與藥品。

肉體過度疲勞時，光能難以進入我們的身體，反而容易招引來邪惡的東西，此時想要端正己心也難以達到好的效果。因此，在過度疲勞時，首先應該讓身體充分地休息，恢復健康生活。除了休息之外，也必須注重攝取營養。在健康上出了問題的話，會影響到修心。

總之，要避免被惡靈附身，除了以正心過生活外，健康生活也非常重要。

構築防止惡靈入侵的「結界」

宗教中常使用「結界」一詞。

防止惡靈入侵，除了個人的修持很重要，但由於是心的法則在運作，瞬間即會與各處相通，所以為了防止惡靈的入侵，建立一定的磁場也很重要。

譬如，自古以來日本神道便會在神殿前，結一條稻草繩，做成神聖區域的「結界」，不讓邪靈侵入。

相撲被日本人視為一種祭祀神明的運動，其位階最高的力士「横綱」，其腰間也綑綁著稻草繩。此外，相撲土俵也是圍成圓形，那恐怕也是一種結界吧！

相撲比賽前，須在土俵上灑鹽巴，其目的無非是淨化之意。日本神道認為，鹽可驅除邪靈，相撲是神聖的運動，所以必須要灑鹽。此外，相撲力士在比賽開始前灑鹽巴或稍舔一下鹽，舔一下鹽後，身體會突然熱起來；這當然意在驅邪和排除邪靈。

相撲力士之所以赤裸上場，主要是為了表達「我無需任何遮掩」之意。在祭典時舉行相撲比賽，其意義即是在於「以一顆赤裸的心，以被神看到也不會羞恥的心，向神明展現精進之姿」。

以前，總有些女性的知事或大臣想登上土俵，但主辦單位會覺得很頭痛，原因在於相撲是祭祀神明的宗教儀式。如果女性進入了結界，會把世間煩惱帶入，相撲力士的念頭中會出現女性，進而無法進行相撲。所以，相撲土俵禁止女性進入，有其宗教性的理由。

當然，這並非是歧視女性，神社當中也有巫女。巫女幾乎都是十幾歲未婚的女性，其職責是協助進行各種祭典的進行。

在進行降神儀式的時候，必須要採取被動承受的姿態，而女性的波動比較柔和，因此比較適合。純潔無暇的女性所發出柔和波動，易創造被動承受的狀態，使降神更順利。

相對來說，男性則較具主動性，適合發出念力。因此，若要使用念力進行祈願，或者是講要擊退某某靈，聚集男性，比較容易集中力量。

反之，如果要祈請神從天上界降臨時，女性較為適宜。特別是純潔無瑕的女性為更好，自古以來成為巫女的條件，就是要未婚且沒有什麼煩惱的人。

不過，即便是巫女，若在月事期間也還是不可進入結界。因為在這時期，出血多、身體虛、靈力低、後光也減弱下來，也易產生煩惱。因此，此時就不適合協助進行降神儀式。

在宗教當中，自古就有此類規矩。

我常常遭遇惡魔、惡靈處心積慮的攻擊，因此必須建立起防禦系統。為此，我創造出靈性磁場，讓修行者在這個磁場張開結界，進而讓我受到保護。同樣，我的家人也會構築起結界，對我形成二、三層的保護。

有很多靈人會處心積慮地打擾我，為了不讓其得逞，須建立這樣的防衛系統。如前所述，擊退惡靈既有個人戰，亦有靠結界防止惡魔、惡靈入侵的方法。

「幸福科學」的支部，實際上也是一種結界。會員會來到此地，於禮拜室參加各種儀式，一種靈性的後光在保護著支部。當然，總本山正心館等精舍也形成了一種結界。

對於家庭來說也一樣，當全家成為幸福科學的會員，經常在家裡讀誦「幸福科學」的根本經典《佛說・正心法語》，或者學習真理影音資料，閱讀真理書籍並且進行反省，如此家庭就會構築起結界，令惡靈難以入侵。換言之，從外界來看，這個家庭有如被堅固的壁壘保護著。

若要避免被惡靈附身，首先就必須要維持和諧之心和做好健康管理。若要長期維持不被惡靈附身的狀態，還需要結交真理摯友，和有信仰的人一起保護自己。所以，在「幸福科學」的各支部、精舍以及會員家庭內創造宗教空間，形成結界等，這確實是防範惡靈入侵的好方法。對此問題建立起系統性的認識是很重要的。

本章以「附身的原理」為題，針對附身做了許多說明。雖然仍會有未盡之處，但就重點部分已做了深入的闡述。

透過閱讀本章，希望各位的悟性能有所提升。

第三章

靈界通訊的原理

——接受天上界之「光」，並予以廣布

1・一百五十年前開始的「龐大計劃」

一八四八年——心靈主義的開端

本章要以「靈界通訊的原理」為題來論述。

「幸福科學」創始的契機是自動書記與靈言現象，所以很多人對「靈界通訊」一詞相當熟悉。

其實，透過靈界通訊等方法，在世間普及真理的運動，早在「幸福科學」之前的一百五十多年前，就已經有一項龐大計劃開始進行了。

若要舉出具體的年份，一八四八年是決定性的一年。這一年馬克思（Karl Heinrich Marx, 1818～1883）與恩格斯（Friedrich Engels, 1820～1895）

發表了《共產黨宣言》，當時天上界即已預見，世間將刮起唯物主義運動的旋風。不久將出現蘇聯和中國等大國，並且唯物主義勢力將遍布世界，其勢力將席捲半個地球。

為此，幾乎在同一時期，世間出現了一種對抗性的力量。

那時在美國有各種靈異現象發生，這被稱之為「心靈主義」或「近代心靈主義」，時為一八四八年。

在這一年，住在紐約近郊的福克斯（Fox）姐妹家中，出現了靈異現象，當時的空屋當中出現了敲擊聲，碰碰作響的聲音，從天花板等各個地方傳出來。有關當局進行了各種調查後，家中靈異現象不減反增。

福克斯家中所發生的靈異現象，吸引了全美的關注。從那之後，各地皆陸續地出現了許多靈異現象。在英國的倫敦等地，也是靈異現象頻傳。

譬如，發生了「Table Turning 現象」，亦即手輕按桌子，桌子自動會動的現象。此時，先決定要問些什麼，之後再與靈進行對話，方法是按二十六個英文字母的順序指下去。如果是B的話，桌子便會敲擊地面發出咚咚的聲音，按此要領持續下去，即會出現單字，藉此進行對話；這就好比是日本的「狐狗狸」。（編注：類似台灣的碟仙。）

總之從那時開始，出現了許多物品空中飄浮等靈異物理現象，那是一種為了展現恰與唯物論相反的現象。

然而，興起如此世間的物理現象，還是比較靠近世間的靈較擅長。這些靈互相合作，他們心想：「如果不顯現給世人看到，世人就無從理解。」於是才會興起此類靈異現象。

第一階段——透過物理性的靈異現象，以證明靈界的存在

十九世紀後半至二十世紀初左右，靈界就派遣了至少一百位以上的靈能者前往世間，當時各地出現了許多靈能者。

那個時候，也正是科學開始發達的年代，所以因應潮流，天上界引發了眾多的物理性的靈異現象。

當初第一階段的計畫是透過靈異的物理現象，讓人們覺悟到尚有一個未知世界的運作。為此，在那數十年間靈異現象不斷發生。

其中，有一個非常著名的事件。當時有一位製作真空管的科學家威廉．克魯克斯（William Crookes, 1832～1919），他與一些科學家對於靈異現象做了科學研究。

他們從人體抽取出靈性能量，並使之現象化，換言之就是幽靈，物質化

的幽靈。當時透過了一個名叫弗羅倫斯·庫克（Florence Cook）的靈媒，叫出了一個名為凱蒂·金格（Katie King）的女性幽靈，那時威廉·克魯克斯對她拍了幾十張照片，也做了許多實驗。

這就是可以證實，靈魂的確存在的一個案例。

當然，要將幽靈顯現出來，需要有靈媒，或者是說降靈之人。當時靈媒將凱蒂靈叫出來之後，自己站上體重計測量，體重明顯變輕，也就是說減輕的重量，就正是凱蒂靈的重量。

凱蒂靈雖然是幽靈，但經過了物質化之後，就有著和人一樣的血管以及心臟，甚至可以摸得到。

當時凱蒂靈說：「你試著剪我的頭髮看看！」一剪下去，馬上就長出來，真的很不可思議。把頭髮拿去做顯微鏡檢查，發現和一般人的頭髮沒有兩樣。

當時凱蒂靈又說：「我給你看這個吧！」說完她就動手撕破裙子，但撕破的部分馬上又恢復原狀。

這種現象說不可思議，還真的是不可思議，然而，若不以這種物質化現象表現，世人是無法相信的。

這並非是首例，《聖經》當中亦有類似的記載。在耶穌復活過程中，有這樣的記載。

耶穌的弟子中，有一位疑心很重的多馬，多馬曾說：「除非我親眼看到，否則我不會相信耶穌復活了！」當時耶穌就現身跟他說：「你摸摸看！」多馬摸了耶穌被釘在十字架上的傷口後，這才相信耶穌的確復活了。（《約翰福音》第二十章）

這也是發生於歷史當中的物質化現象。除此之外，還有人做空中飄浮的實驗，也就是讓人漂浮在半空中，從離地十公尺以上的窗戶出去，漂浮空中後再從另一側窗戶進來。

此外，為避免讓人認為靈能者是透過腹語在講述靈言，當時有人將人體抽出的靈性能量，放入揚聲器，使之形成聲帶，進而透過揚聲器，講述出靈言。

此外，還有人做空中取物，好比從空中取出寶石等等物質；還有人做發光現象的實驗，讓各種發光體飛來飛去。

如此為了證明靈界的存在，當時徹底地做了各種實驗，不論是美國或是英國，都進行了大量的實驗。

寫下《福爾摩斯全集》的英國小說家柯南・道爾（Conan Doyle, 1859～1930），對於靈界的研究就非常的熱衷；在美國亦有許多著名的作家，參與了對靈界的研究。

因為是一百多年前的事了，也許很多人不知道，但當時有許多從科學的角度切入，非以信仰的角度切入的靈異研究機構，以科學的方法進行了許多物質化現象的研究。

除此之外，當時人們也進行了許多心靈感應的實驗，藉以調查那是靈性作用？還是心靈感應？是否和靈性作用毫無相關，僅是此人的第二或第三個人格？

總之，當時有許多研究靈異的機構，進行了許多科學性研究。

在美國，被稱為心理學祖師的威廉・詹姆斯（William James, 1842～1910），以學者的身分進行了許多靈魂研究，雖然他的理論相當晦澀難懂；而他的弟弟亨利・詹姆斯（Henry James, 1843～1916）曾撰寫了《碧廬冤孽》（*The Turn of the Screw*）的靈異小說。

如此可見，在一百年前左右，靈異研究即相當的盛行。

在美國，天上界還派出像派柏夫人（Leonora Piper, 1859～1950）那樣全能的靈能者，既會千里眼、心靈感應能力，也具備透視力、降下靈言等能力。

總之，這是第一階段的靈異物理現象。

第二階段——透過靈界通訊，以普及靈界思想

在第一階段告一段落後，二十世紀初期進入了第二階段。此時天上界以自動書記以及靈言現象，普及靈界思想，方式就是讓世人接受高級靈的訊息，並以自動書記的形式書寫出來，或透過靈能者講述並抄寫下來，以出版普及。

在英國，有人以古印地安人之名撰寫了《Silver Birch 的靈訓》一書；十九世紀後半，拉丁語系作家亞蘭・卡甸（Allan Kardec, 1804 ~ 1869）也出了《靈書》一書。不分東西方，此時有相當多的靈界通訊的書籍問世。

在第二階段，透過書籍文字闡述了靈界的樣子，以及各個高級靈的想法。當時正好是發生第一次和第二次世界大戰的時期。靈界認為此時正是需要普及靈界思想的時刻；此為第二個階段。

第三個階段——透過靈界力量，以治療不治之症

到了二十世紀，科學與醫學更加地發達，致使越來越多人不相信宗教與靈界，這是一個必須予以改善的問題。

據傳進化論是達爾文所發現的，但幾乎同一時期，有一位華萊士（A.R. Wallace, 1823～1913）也推導出了進化論。

華萊士是一位心靈主義者，也是一位靈異研究家，如果是他成為進化論的祖師的話，恐怕歷史就會改寫。因為他研究的結論是：「所謂的進化是包含了靈性的進化。」

然而，進化論被認為是達爾文發現的，以至於和唯物論融為一體，這是歷史的齒輪錯位。在馬克思與達爾文的推波助瀾之下，致使唯物論大行其道，之後科學與醫學亦越發進步。

心靈主義的第一階段是透過靈媒，形成靈異物理現象；而第二階段就是進行了靈界通訊；至於第三階段就是利用靈界的力量，治癒世間所謂的不治之症。

嘗試透過靈界力量，治療那種醫生也束手無策的病症，這在第二次世界大戰後特別多。這是一種對唯物主義醫學的挑戰，但實際的執行還是有相當困難的部分。

以日本的制度為例，若非醫生，不可執行醫療行為，因此宗教很難參與治療工作。

總之有這三大階段的文明實驗。二十世紀後期，真理的普及走上正軌之前，一百多年來的文明實驗起了奠基的作用。

決定在十九世紀中期開始進行這個計畫，這和當時在實在界的我有所關聯。

基督教及佛教也遭受唯物論思想的滲透

此外對於基督教圈，我也請耶穌基督進行了調整。

靈性思想的廣布，除了有科學主義和唯物主義的阻礙之外，宗教當中也出現了阻礙。基督教當中，有人認為早在耶穌時代靈性現象既已停止。

之所以會這麼想，是因為歷代的教會負責人不具備靈能力。他們沒有具備靈能力，這也是無可奈何的事，但他們卻認為耶穌的時代亦沒有靈性現象，對於之後出現的靈性現象，也採取否定的態度。

雖然基督教當中，後來出現重視靈現象的派別，但都被視為異端。當近代出現了心靈主義，通常對此持反對意見的皆是基督教教會。按理說，教會本來應該對心靈主義予以聲援才是，但卻視其為「惡魔的行動」，進而出現抵制的行動。

就像這樣，在宗教內部也出現了敵人，推廣靈性思想變得非常費力。至今，教會對於心靈主義也還沒有完全承認，雖然表面上想要承認，但卻表現出不想承認的態度。

或許那就像是同行之間的嫉妒，舊事物對於新事物所做出的防衛。基督教的《聖經》被刪掉許多有關靈現象的敘述，這對後世有很大的影響。如果在《聖經》當中對此有明確地敘述，後人對此就應該能夠接受，但有很多在編輯過程中就被刪除了，導致後人就無從瞭解靈性知識。

此外，佛教也受到了唯物主義的影響，早在釋尊涅槃幾百年後的印度，佛教就開始變成了哲學。既然是宗教，論及靈性的教義是理所當然的事，然而若是後人對此不能理解，最終就只能歸類為哲學解釋，其結果就是佛教變成了邏輯學，導致後人出現了辯論性的思維。唯物論的思考方式，大量滲透至佛教。

在現今日本佛教的大學中，有不少學者認為佛教不承認靈魂的存在，但若是佛教不承認有靈魂，事情就糟糕了。不管是說「靈魂」、「精神」、「意志」或是「不滅的知性」，要如何稱呼都無妨，但若是認為肉體當中，不存在著這精神能量，那麼佛教就會變成一個空殼子了。

若靈魂不存在，諸行無常的教義就變成了唯物論。若是認為「肉體壞了什麼都結束了。人生就僅限於肉體毀壞之前，所有的事物都僅限於此世」。那麼即使倡導「不可執著」，終將會走向快樂主義。

就像這樣，不能理解靈性層面的人，便會將正確的教義顛倒過來看。

所以說，不管是佛教或基督教，都明顯受到了唯物論的影響。基督教認為或許古代有靈性現象，但當今沒有，彷彿思考是停頓的。

因此眾多的靈異現象的興起，除了是與科學和唯物論對戰，亦是和只追求形式而無內容的形骸化之宗教的對戰。

佛教當中為了避免形骸化，途中興起了重視靈能力和靈現象的密教。

雖然現今人口越來越多，但對於真實世界卻越來越不認識；這即是二十世紀的情形。

2．愛爾康大靈的使命

一九五六年——靈性世紀的開始

東南亞的小乘佛教，在釋尊入滅二千五百年後的一九五六年，舉行了盛大的法會，可以將這個時期視為轉換點。在占星術中，一九五六年是寶瓶時代開始的年代，亦象徵了靈性世紀的開始。

一九五六年是一個巨大的轉捩點，我選擇在這一點轉生到世間。過去在印度，摩耶夫人是我的母親，但她因產褥熱，產後一週即過世；而這一次是拜託海爾梅斯（Hermes）的母親——瑪伊莎（Maisha）做為我的母親。

我再度誕生於一九五六年，但我將開始普及靈性知識的時間定於一九八一年，當時我估計若從此時開始普及，在二十世紀末前應該會出現效果。然而，實際上到了一九八〇年代後期，力量卻仍顯不足，當時十分地擔心。但從整體而言，在二十世紀中因為「幸福科學」的出現，人們得知了許多嶄新的教義。

佛陀與基督合為一體的存在——愛爾康大靈

各位看了我的教義內容，就會知道此次我有數個使命。若從大方向觀之，就必能發現我具備了佛陀以及基督（救世主）的使命。一是弘揚佛教的「覺悟的教義」，一是普及耶穌的「愛的教義」。

若問到底要如何理解愛爾康大靈的存在，各位只要知道愛爾康大靈是佛陀與基督合為一體的存在。換言之，既是指引佛法真理之道的存在，也是講述耶穌的愛的教誨、拯救的教義之存在。

此外，我也將希臘海爾梅斯的「發展、繁榮的思想」，重現於現代。海爾梅斯的「發展、繁榮之法」，也成為了「幸福科學」的強而有力的教義。

但光從外在來看「幸福科學」，可明顯感覺到「覺悟與愛」之特質。

至於利安托．阿爾．克萊德（Rient Arl Croud）的「宇宙之法」，我尚未充分地開示；在我歸天之前若有時間或是機會，我會開示出來，但若是太早講述，人們恐怕無法理解，所以至今沒有做這一步。

除此之外，還有幾個沒有講述的法理。

不過在教義方面，很明顯可看到佛陀與基督的特性，其理由十分的明確。

基督徒認為二十世紀末是一個時代的分界點，諾查丹瑪斯（Nostradamus, 1503 ~ 1566）曾預言，二十世紀末人類將面臨重大危機；基督徒也非常相信這個預言。

在這層意義上，基督教系統的宗教中，有許多人宣稱救世主將降臨。

日本人或許覺得救世主的降臨是件好事，但對基督徒而言，救世主降臨之際，就是時代結束、人類終結之時，救世主的出現，代表人類陷入了非常嚴重的危機；對他們來說是一件恐怖之事。

在《聖經》的「啟示錄」中，有不少恐怖的預言，經歷了兩千年的渲染，終究和「最後的審判」一併思考，並如此理解救世主的降臨。但實際上「最後的審判」是在說靈界的故事，但許多人認為那將在世間發生。

在這樣的時期，天上界擬定了計畫，在東、西方之間架起橋樑，予以拯救。在東方若不透過佛教的形式，人們就難以理解；而在西方，若非基督教的形式，也難得人們的理解。

所以，人們時而把我看做佛陀或基督，這也是由於我兩者兼備的緣故。在過去的法話當中，有許多內容是耶穌之靈透過我而講述出來，當時若聽了法話，就必會認為耶穌復活了。

在這樣的計畫下，歷經過去一百五十多年的累積，直至今日。

3．靈界通訊的困難

高級靈之所以會匿名傳送靈言的理由

早期我透過靈言現象，傳遞了高級諸靈的靈言及教義，一般人都認為內容雖然不錯，但覺得登場的有名人士太多了，而且教義容易搞混，並且一次出現那麼多神明，也有點難以置信。

歷史當中的靈界通訊，也曾出現這樣的聲音。所以在過去，幾乎都是以匿名的方式傳遞靈言，力圖以內容來證明這的確是高級靈的訊息。（例如，《Silver Birch 的靈訓》等。）

在這樣的背景下，我每次皆明確指出這是誰的靈言，這是一個需要勇氣，且具挑戰性的做法。

以匿名方式傳達靈言的理由是，世人會一直去追查靈人的身分，但去調查幾百年前或二、三千年前的人的身分，是找不到什麼物證的，最後只是枉費心機，到最後靈言的內容反倒不受關心。所以與其這樣，莫如匿名傳遞靈言還比較好。

高級諸靈使用匿名，並非僅限於靈界通訊，在發源於日本江戶時期或明治時期的宗教當中也時常看得到。高級諸靈若提示了真名，有時世人反而難以理解，所以在宗教當中，高級諸靈使用匿名是常有的事。（如，金光教、天理教、大本教等。）

回到靈界之後，世間之事即會漸漸忘卻

返回靈界的人，未必都記得世間的每一件事，而是會漸漸地忘記，這是理所當然的事。

各位也不記得幼稚園時期發生的事吧！如果當時有留下紀錄，看到了這紀錄想必你會非常驚訝。我想恐怕連小學時的事，你也一樣記不清了。

隨著年紀增長，你就會漸漸忘記同學、老師的名字和長相，即便被朋友提醒你曾被班上導師說過某事，或者是自己曾做過某事，你會驚訝於那是真的嗎？上了年紀之後，漸漸地就會變成這樣。

當回到靈界之後，你也會漸漸忘卻世間之事，回到靈界，就等於是轉「生」。反之，從靈界轉生於世間，等於是靈界的死亡，世間的重生。

當靈界有人要轉生到世間時，別人也會對此人揮淚道別。

而從靈界轉生於世間之人，也會把過去忘得一乾二淨。隨著世間的成長，逐漸建立新的知識、經驗、記憶，但最終還是會因年高體弱，記憶衰退，然後返回靈界。

初返靈界後，你就又會變成是靈界的「新生兒」，你必須重新學習靈界的事物。

屆時你只能帶走世間的精華部分，其餘瑣事都必須放下，否則就會妨礙在靈界的修行。

從天上界的角度來看，肉體彷彿是鐵製盔甲

在靈性的身體當中，記錄著世間瑣碎記憶的部分，稱之為「幽體」。幽體是靈性身體最外側的部分，死後人們暫時會穿著幽體。四次元幽界的人們，大

多穿著幽體生活。幽體的靈性波長，大概介於靈界與世間的中間部分。

從四次元往更高的次元移動時，即會脫掉這個幽體。幽體好比是厚重的潛水衣，移動時會變得相當不便，但生活在世間的波動當中，就必須要穿著幽體。然而，若要移動至上層世間，就必須先脫掉幽體的部分。

這個幽體的部分，會被在表現幽界事象時被再利用，或者是從高次元世界，轉生於世間時被重複利用。

然而，只要穿著這幽體，就無法前往真正的靈界（五次元世界）。脫去幽體之後，「靈體」便會展現出來。這幽體之下的「靈體」，是更精妙、更靈性的身體；五次元皆以靈體生活。

然而，當接近天使的世界時，這靈體也變得像沉重盔甲，只有再脫下它，才能成為更精妙的「光子體」。六次元以上的世界，則是以如此精妙的姿態生活。

越上層的世界，靈性的波長就越是精妙。所以說，七次元、八次元以上的人，很難傳訊息給世間之人。

從天上界來看，幽體就像沉重的潛水衣，更何況世間之人還穿著像是鐵製盔甲般的肉體，所以世間之人的波長，與天上界的波長相距甚遠。從天上界來看，世人就好比是在深海海底，背負著厚重甲殼而行走的螃蟹。

因此，靈人要宿於其肉體當中，是相當不容易的事。即便不是宿於肉體，想要從背後傳訊息給世間之人，或者是對其指導，也是極其困難之事。

惡靈比高級靈還容易附身於世人身上

閱讀過去歷史中的靈界通訊，就會發現其中存在著靈界的靈媒。這個靈界當中的靈媒將高次元的訊息，翻譯給低次元的人暸解。

譬如，若想透過少女傳遞靈界訊息，通常高級靈難以進入少女體內，而是透過少女的守護靈，再由守護靈傳遞給少女訊息，進而讓她寫下來；此類間接的通訊相當地多。

若非如此，世間之人難以承受靈界的強光，而且因為波長不一樣，靈人無法完全支配世間人的肉體。莫如說世間之人的肉體，更容易被惡靈支配。

當人心處於和諧狀態時，當然，地獄靈等是難以靠近的。然而，現實當中很多人會處於憤怒、嫉妒、憎惡、擔心、痛苦、煩惱等等不協調的情緒。或者是肉體也常出現失調的情形。當身體累積太多疲勞，導致心臟、血管、內臟、頭腦出現狀況，進而肉體就會產生疾病，

所以身心失調的現代人，與其被天使附身，還不如說很容易被徘徊於世間，波長相近的亡靈附身。

如果此人的心念和地獄靈一致，他們就會靠近而來，進而在這肉體中進

進出出，最後導致完全被地獄靈控制。

即使靈魂和肉體有靈子線相連著，但實際上此人靈魂已被趕出體外，換了另一個靈魂住進了身體。

在現實中有許多這樣的「惡靈能者」，這種人無法控制自己的情緒，自己變得不像自己，此時就是被惡靈佔據了肉體。

世間當中有許多不成佛靈，物質世間很容易投影到地獄界，地獄就是藉由世間的妄想、欲望所打造而成的世界。地獄靈很容易和世人的欲念互通，一旦世人不設防，便很容易遭到惡靈附身。

酗酒成習、生活凌亂的人，很容易讓惡靈自由進出，這種人也可算是另類的「靈能者」。喝得酩酊大醉或精神出現異常的人，幾乎都是被惡靈附身了。

若是天使降臨，人的言行是不會變得奇怪的。被亡靈或自殺靈附身，言行才會變得很奇怪，所以這種人有時會遭到隔離。

近來醫學上出現的「多重人格障礙」之病例，有很多人是被憑依了，由於此人的靈魂被趕走了，所以就變成別的人格了。然而，憑依靈通常不會逗留太久，當此人的心境改變時，有時會換成另一個憑依靈附身，甚至有時會多到五到十個附身靈進出。

就像這樣，多重人格多是由憑依靈所致。雖然有時此人的守護靈會進入此人的肉體，但絕大部分皆是此人的靈魂被趕到一旁，就好像被小偷闖空門，其它的靈魂進進出出。

因此在世間要接收來自高級靈界的訊息，就靈性波長來說是非常困難的。

4・閉關的意義為何？

「精神統一」是和靈界相通的傳統方法

那麼和靈界相通有什麼方法呢？自古以來，不分東西方的宗教皆是使用精神統一的方法。

然而，在世間的生活中，很難做到完全的精神統一，既然存在於世間，就很難與靈界相通。

對此，靈能者史威登堡（Swedenborg, 1688～1772）當時也感到相當困擾。就某種意義而言，前往靈界就等同是死了。在精神統一的狀態，前往靈界不被他人打擾是很重要的，萬一此時被當成是死了，進而辦理喪事就麻煩了。

所以，史威登堡在精神統一前，都提醒旁人：「如果看到我好像死了，也請不要叫我、不要碰我。」

換言之，他曾說過：「若不是處於死亡的狀態，是很難與靈界的人交流的。」在某種意義上，或許真能如此解釋。

正如佛典記載，佛陀在一年當中，大概會閉關三個月左右，這段期間稱之為「夏安居」或者是「雨安居」。這段期間，佛陀會斷絕與外界的接觸。平常佛陀會住在精舍、說法、指導僧團，但在安居的期間，就是處於隔離的狀態。

在這段期間，若有信眾願提供食物，佛陀就會其家附近的洞窟閉關；在閉關期間只接受食物，不與外界接觸，亦不托鉢化緣。

於是在這段期間，即不受到世間的打擾影響。若是被世間事物干擾，就無法深入禪定狀態，長期待在靈界了。

佛經中也記載了，佛陀在那三個月的期間，回到了天上界向母親摩耶夫人說法。

閉關必須要有足夠的時間進行，否則無法自由來去靈界與世間。

現代生活中常有電話、電郵、傳真或者是他人的打擾，這對於接收靈界的訊息來說相當的不利。

閉關與傳道是宗教的兩個車輪

乍看之下，閉關好像和傳道無關，但為了拯救更多的世人，有時反而必須遠離人群。

耶穌當時就是如此，數千的民眾希望耶穌拯救他們，但耶穌發現自己靈力快要耗盡，便坐船避開人群，躲入深山當中，一人獨處。

若不退居安靜的地方獨處，就無法進行靈性充電。在寧靜的地方瞑想充電，等待力量恢復的一刻。待力量恢復之後，才能回到群眾面說話，屆時才能展現強大的力量。

所以，宗教當中靈性能量的補給與釋放是很重要的。越是透過傳道活動，對外供給光的能量，就越是需要補給足夠的光能。因此，在生活當中維持瞑想的習慣，就變得非常重要。

宗教家喜歡在山林等寂靜之處閉關，這是非常非常重要的事。若不透過這段期間，拭去世間的塵埃，終究是會出問題的。

活於世間，自然而然地就必須處理世間的事務，但隨之靈性資質也會降低下來。但若總是處於瞑想狀態，世間的工作也會出現問題，宗教常有這矛盾的一面。反過來說，沒有這矛盾的一面，亦非是真正的宗教。

假的宗教可以沒有任何靈感，一味進行世間性的說教；也有的宗教只知道閉關，只強調單獨閉關。有很多人是進行如此一個人修行，但這無法興起大乘運動，只能是拯救自己。

有很多人認為「這就是幸福」，但這種光是閉關拯救自己的人，就稱之為「仙人」。如此仙人不喜歡人群聚集的組織，僅限於有相同嗜好的小圈圈。

對於宗教來說，閉關與傳道是兩個車輪。

對此，即便是在「幸福科學」，也尚未充分地實踐。

過去我在大型會場說法之前，曾進行一個月左右的閉關，最長曾做過三個月左右的閉關，期間我斷絕與外界的接觸。

然而，在那段閉關期間，教團的營運便會出現問題。為處理那些問題，會讓我好不容易在瞑想當中所累積的能量，又流失出去。

就像這樣，在過去曾經發生過好幾次這樣的情形。

當教團組織越變越大，我一進入閉關狀態，營運上很容易就會出現問題，所以有一段時間難以長時間閉關。換言之，很難累積巨大的力量。

雖然，我每天皆能維持靈言現象與自動書記的能力，但要像是以自動書記寫下《佛說・正心法語》的經文時，從頭到尾沒有任何雜念由頭寫到尾，恐怕五年或十年只有一次左右。

當難以確保閉關充電的時間，能量會在各種狀態下微小流失，因此要讓最高的秘儀從天上界降臨，就變得相當困難。平常雖能接收來靈界的訊息，但若受到世間的波動干擾，就無法長期集中意識了。

初期我都是用自動書記的方法寫下經典，但現在因為世間干擾頻繁，很難取得能夠一口氣寫下一本書的閉關時間。

當然教團的擴大亦是愛的具體化，但在營運上會出現各種狀況，這對宗教家來說有其危險的一面，因為這將難保靈性充電的時間。

若是常常被世間之事給打擾，那麼與高級靈界進行對話時，有時會出現雜音、斷線的情形。

被惡靈包圍時，是無法進行降神的

觀察其他眾多靈能者，常常可以看到許多靈能者最初能接收高級靈的訊息，但後來卻變得無法接收。

靈能者在通靈的時候，畢竟世間很靠近地獄界，有許多惡靈會虎視眈眈地想要趁機干擾。他們會想：「那邊常常有人在通靈，一定要去干擾一下。」

當靈能者靈力使用耗盡時，惡靈便會趁虛而入；或者是在靈能者的週遭，一口氣聚集十幾、二十個惡靈，就像橄欖球比賽那樣團團圍住。原本這個靈能者，還能與守護靈、高級靈溝通，但在這圍攻絕緣的狀態下，高級靈便無法進入了。

然而，有些人是以降靈為職業，所以不得不繼續下去，進而導致降下的訊息就變成惡靈的訊息了。

其原因通常都來自於世俗的問題，當世間的眾多問題無法解決，煩惱變多、欲望變多時，就會變成這樣。

一旦惡靈群起攻之時，天使多也是遠遠相望，愛莫能助。

現今有許多新興宗教，但途中被惡靈侵入的例子不算少。因為有一股勢力不希望宗教的勢力擴張，進而前去阻擾。

興起靈性現象相當耗損能量

我在早期錄下了許多靈言，每次收錄的時間大概以兩小時為限，若是超過兩小時，除了靈力會降低，另一方面撒旦和惡魔必定會趁機干擾。他們看到我在降下靈言，便會想要靠近干擾。若不具備擊退他們的力量，他們就會一直待在那邊，等待時機。

當靈力衰弱時，一個不小心惡魔就會假扮高級靈的聲音，有時就會搞不清楚誰是誰了。因此我每次收錄靈言，至多不超過兩個小時。

然而，連續接收靈言兩小時，要換作是一般的靈能者，早就被搞得七暈八素，苦不堪言了。在世間興起靈性現象，會消耗相當大的能量。

方才曾說到魂的最外側是幽體，但若講得更仔細，幽體和肉體之間，還有一層更精妙的精神體。在肉體的四週，還有一個帶有微量電能的精神體。那像是後光一般的存在，但又非是幽體。對此很難用言語形容，總之還有這一種類似以太（ether）的質體。

在進行靈性現象時，會大量消耗這種能量，所以，此時在靈能者的周遭會讓熟悉的人且相信內容的人，十幾個人圍一圈發出支援的心念，進而讓靈言現象順利進行。

此時，若只有靈能者本人消耗自己的能量，不久即會撐不下去，但若以靈眼觀之，可看到周圍的人，彷彿吐著絲線將能量送給靈能者，靈能者藉此能量，即可繼續進行靈性現象。否則的話，一個人很容易能量就會耗盡。

並且若在降靈的時候，出現有心人士搗亂，有時波長會出現紊亂，致使無法進行降靈。當唯物論者或偽科學者搗亂時，降靈就幾乎不可能成功。

他們會說那是騙人、詐欺，致使無法產生靈現象。因此在降靈之際，靈能者周圍必須要有支援者供給能量，否則就很難將高級靈的能量，轉換釋放出來。

目前「幸福科學」很專注於向外傳道，但在「防守」略顯不足，這需要構築系統性的防護網，但這部分還很難被人們理解。

「幸福科學」的出家修行者要處理許多世間性的工作，所以沒有很多時間能進行靈性瞑想。

接收高級靈訊息的靈性能力，多是與生俱來的，只不過接收守護靈的靈感，靠後天的努力便可達成。

然而，努力於傳道的宗教活動家，因為在世俗還有其他工作，特別是有家庭的人，大多難以逃離世俗的干擾。生活中必須要面對學校老師、補習班老師、鄰居、朋友等等，還有許多人會打電話過來，致使無法徹底斷絕世俗的來往。

因此，自古以來有許多修行者皆維持單身，一旦有了家庭，就必須住在世俗當中，所以單身的修行者比較多，這也是可以理解的。

5．同時兼具靈性能力與工作能力

但在修行初期，一下子就閉關瞑想，大多只是白費力氣而已。不論基督教還是佛教，最初都讓修行者做世間性的工作，進而才讓能力較好的人，進行靈性的修行，否則的話，靈性修行只是空轉而已。

讓能力較低的人進行靈性修行，到最後是不會有效果的。在此之前，須先判斷此人是否具備引導他人的能力？是否有見識？是否具備不被惡靈迷惑的知性？是否有足夠的自我鍛錬的自信？如果沒有這些資質，很容易就會被惡靈、惡魔擊敗，一旦有慢心進而出現破綻，很容易就會被惡靈附身。因為在世間當中，惡靈的數量遠比高級靈還多。

若非是一個嚴以律己、謙虛且又有某種程度的見識，並具備事物的判斷能力的人，就容易被惡靈擺佈，不曉得何是何非。因此需要經歷世間的鍛鍊，進而對靈性訊息有所取捨。

但反過來說，世俗經歷越多，靈性感應能力也會隨之降低；兩方面皆擅長的人，實為少數。

能接收到高級靈訊息的人，還必須得具備學識才好，言語表達能力才會更豐富，能向他人傳遞的內容會更多。但通常人們具備了學識，反倒會不相信靈性的事物，知識與學問反倒讓此人失去了純真之心，致使靈性啟示無法降下來，這真是個兩難之事。

既有學識、能幹但又誠實、謙虛並且會反省，以空之心接受高級靈的訊息，要達到如此心境，必須要有相當的修行。能兼備這兩方面的人，少之又少。

「靈性之事」與「世間之事」保持平衡

但在宗教當中有一種妥協的方法，那就是讓理解靈性事物且又擅於處理俗事之人，和純粹具靈性能力之人組成團隊。一個是精通於處理世俗之事，對宗教亦有充分的理解，自己雖未到達高度的靈性境界，但知道有所進退的人；另一個是充分認識靈性世界，但不擅長處理世俗之物的人。若讓這兩者巧妙的組合在一起，宗教即能獲得正面的發展；但這兩者若失去平衡，那就不妙了。

若一味強調靈性，就會變成奇怪的團體，但若太看重世間之事，又會被當作是在斂財，這兩方面的平衡相當重要。

若無法取強補弱，宗教組織就很難正常運作，世俗的工作大多都是需要從自己發出訊息進而完成。另一方面，靈性的能力是一種安靜被動接收訊息的能力，這種主動性及被動性的能力，通常難以兩全。

主動性的人，難以接收到靈感；被動性的人，雖能接收到靈感，但就無法做世俗之事；這兩方面的轉換是很困難的。

若缺乏被動性，則接收不到靈感，但若僅是被動接收靈感，就容易會被認為很無能。因此，瞭解到自己哪方面資質較高，進而發揮這專長就相當重要。

若想將教義大規模地傳遞出去，就需要有主動性的傳佈能力，但其核心還是需要有接收靈感的能力。

我個人需要藉由閉關接受光能，幸福科學的出家職員也是一樣，多少都要達到能接受守護靈、指導靈的光的狀態。否則光是世俗雜亂的心境，在擔任導師進行說法的時候，就會處於貝塔波動（β波動）的狀態，也就是粗糙雜亂的狀態。若不是處於阿爾發（α波動）的瞑想波動，靈示不會降臨、能量也不會降臨。

貝塔波動就是做工作時的波動，繁雜的電話交談、處理各種文件、或者與人交談開會，此時的波動即是貝塔波動。

此時高級諸靈是不會降臨的，有可能降臨的頂多是念力型的靈。如前所述，比較靠近世間的靈，比較擅長興起物質現象，但啟示型的靈是不會降臨下來的。

因此，「放鬆」、「安詳」、「寂靜」、「沉默」是很重要的。

總之靈性能力與工作能力，這兩者都是需要的。

6・宗教的兩項工作——「靈性充電」與「傳道」

本章雖是以「靈界通訊的原理」為題，但請各位要知道，廣泛來說宗教有兩項工作。

一個是充實靈性能量，接收靈示、光能的工作；另一個則是將這個光能散佈至世間的工作；宗教當中同時存在著這兩方面的工作。

希望各位能劃分出時間和空間，個別地去體驗。如果認為自己只具備其中一種能力，那就應該在發揮自己優點的同時，藉由他人的協助，來彌補自己的不足。

宗教若僅具備其中一方，就無法正常發展；教義傳佈得越是廣闊，就越是需要內部的積蓄能量。譬如，「幸福科學」各地支部的傳道力越是強，與此同時，出家職員的研修、設立宗教修行道場，補充能量、瞑想場所就越是需要。

光是向外擴大，不累積內部能量，宗教就會變得像是世俗工作一樣。但若僅是累積能量，不向外傳道，那就無法完成使命。對外不具影響力的人，光只是閉關也是枉然的。宗教當中，這兩方面都是需要的。

光是阿爾發波動，是做不好世間工作的，能做好工作的人，幾乎都是貝塔波動。什麼情況是阿爾發波動呢？好比說寫詩的時候，那種等待詞彙浮現的被動狀態，就很接近阿爾發波動。

而打電話和客人交涉就是貝塔波動，當然，處理好世間之事亦是很重要的，但進行靈性的工作，又是另一回事了。

若是世人處於貝塔波動，高級靈是無法傳遞訊息的，頂多是透過接近世間的靈體，以間接的方式傳送。

此外若世間的波動太強，一不小心就無法擺脫惡靈附身。

宗教就是以如此原理運作，這與公司的運作大不相同。就公司而言的阿爾發波動，就好比是下班之後去旅行、散步；但宗教當中的阿爾發波動，就是維持瞑想的狀態。此外，與人交談、處理世間事務，也是一件重要的工作。

總之希望各位能理解宗教的工作，必須要同時能涵括這矛盾的兩方面。

〔近來，除了阿爾發波動外，學理上似乎又有西塔波動（θ波動）與戴爾塔波動（δ波動）的分類。的確，放鬆（阿爾發波動狀態）與淺眠（西塔波動狀態）、熟睡（戴爾塔波動狀態）之間，有程度深淺之差異。〕

第四章

充滿力量的神祕主義

——解放被常識束縛住的力量

1．何謂神祕主義

神祕學（Occult）本來的意思——被隱藏之事

本章我決定針對「神祕主義」進行論述。

現代人聽到「神祕學」一詞，似乎都不會有什麼好印象，很容易覺得是在講一些光怪陸離、令人驚悚之事。但在本章的內容，是從宗教的立場上論述，所以「神祕學」一詞並未帶有不好的意思。

雖然「Occultism」在現代被翻譯成「神祕主義」、「神祕思想」，但「Occult」原本的意思則是「被隱藏之事」。

這「被隱藏之事」，其意義非常深遠，事實上在其背後是隱藏著宗教的秘密，或者是說做為宗教的信仰對象之佛神的秘密。這些秘密，有些是隱藏起來的，有些則是被隱藏起來的。

為何被隱藏起來呢？

若基於這個問題去思索，即可強烈地發現電影《太陽之法》（總監製大川隆法，2000年10月上映）當中的內容，已描述出許多至今被隱藏之事。

轉生為現代人，之後受到學校及家庭影響而長大的成年人，看了電影《太陽之法》，或者讀了我的著作《太陽之法》（台灣華滋出版社發行），就會覺得有太多內容是完全不曾看過的，並且訝異於「真的有這種事嗎？」由於現代人沒有具備能夠理解這些事的基礎知識，所以才會覺得盡是自己不瞭解之事。

然而，那並非僅是因為沒有具備知識而不知道，尚有另一面是因為「被隱藏起來了」。

「為何會這樣？」其實這存在著哲學性疑問，或者是超越哲學的更大的宗教性疑問。

世間被真實世界隔離出來

世間的任何生命，皆在世間的一定的法則下生存。

打比方來說，在一個裝滿水的水槽中飼養著金魚。在這水槽裡面，既有小沙石，也有水藻。金魚游於其中，吃著飼料過活。

若清楚地說，其實這就是世間世界。

這世間世界，就像是水槽當中的世界，其中有一定的法則在運作。對於活在水槽當中的金魚來說，有個儼然存在的法則，那即是「自己只能在這水槽當中，如此生活」。

游於水槽當中，因為有玻璃缸的限制，所以無法穿越那水槽。不管是往右、往左都有玻璃牆壁，往後退也有牆壁。就算是往下，也無法穿牆而過。就像這樣，水槽有一定的物理大小限制，而且無法從中游出來。

雖然上方是打開的，但魚沒有辦法往天空飛，魚也知道一旦從上方出來後，自己就無法再活下去了。

在自己生存的世界當中，有著鋪在底部的白色小石子、水藻，還有不知道為何有時會掉下來的飼料，以及一同生活於水槽中的夥伴。

和這些夥伴對話，他們總是說：「在這水槽當中才是現實存在的世界，不曉得除此之外的世界是長什麼樣？」他們既不知道外面是怎樣的世界，也沒有勇氣出去。

即便有時有隻金魚說：「我曾跳出去看到外面的世界！」但其他金魚也不相信這隻金魚講的話。其他金魚會說：「跳出去看到外面的世界？出外探險之後，有人還能夠活著回來嗎？」

就像這樣，對於金魚們來說，外面的世界是非現實的世界，只是一個想像的世界。

如此的態度，即是地球上三次元的生活態度。

金魚們的意見，亦有其道理的一面，對此若全然否定，想必就很難在水槽當中生活。

然而，若是突然有一隻長著翅膀的金魚，飛到了外面的世界，之後又回到了水槽，情況會變成怎樣呢？這長了翅膀的金魚，到了水槽之外的世界探險，回到了水槽之後，和其他金魚講述看到的景象，最後會變怎樣呢？

想必其他金魚會覺得胡言亂語、無法相信，進而這隻金魚不是被排擠，就是被流放。

這就是現今宗教所面臨的狀況。

此外，若是真想探究真理，水槽全體金魚倒數「三、二、一」地都跳出水槽，屆時全部金魚皆能幸福，都能理解真理嗎？那倒未必，實際跳出了水槽之後，就代表不能夠再繼續住在水槽裡面了。

實際的真相是，擁抱著這世間的世界才是廣大無邊的真實世界。但活於世間的人類，被這前提條件給束縛著：「若沒有住在水槽當中就不能活了。

若沒有了水壓，就無法生存下去了。」

無論如何傾訴真實世界的樣貌，人們之所以始終充耳不聞，也是有其一定的理由。那是因為人們覺得：「那和我生存的世界太不一樣了，所以不想去理解。」

若是想要去模仿外面世界的人的樣子，實際上金魚們就會死去。對於金魚們來說，知道外面世界的時候，即是沒有命的時候。當金魚們對死覺悟時，即能到外面的世界；當到了外面的世界，即是接受死亡的時候。

但若是這樣就太可憐了，所以有時會出現例外，有些具有特別能力的人會生於世間，就像能飛到天空的金魚一樣，實際到了靈界，並向世人講述靈界的事情，世人便半信半疑地聽著。

經過了一定的期間，藉由這類人的出現，告訴世人真實世界的樣貌，好讓關於真實世界的知識，不至於在世間失傳。每隔一定的期間，這類人就必定會出現，對世人講述話語，然而世人依舊還是會半信半疑地覺得：「真的有那種事嗎？」如此狀態，將會持續下去。

就像這樣，真相是被隱藏起來的。為何是被隱藏起來的呢？若是此人對此真相能輕而易舉地瞭解，就表示此人已不存在於世間了。這被隱藏起來的真相，對於死人來說，在某種意義上是個公開的事實，任誰皆能夠理解。

所以說，「生存於世間」就好比是「生存於水槽當中」，生存在一個被隔離的世界當中。

轉生於世間的理由

在各位當中必定會有人說：「為何這個世界要被隔離？有這種必要嗎？」然而，若是換個立場來看，從靈界來看這個世界，就必會瞭解到「這個世界是一個能獲得許多經驗的地方」。

靈界是一個自由的世界，然而那種靈性的自由，住在靈界的時候，是很難感受得到的。直到轉生於這個世界之後，才會知道靈性自由的意義。為此，雖然很辛苦，但依舊還是會屢次地轉生於世間。

就好像雖然很辛苦，但有人還是會想要去跑馬拉松，或者是雖然很辛苦，但有人還是會喜歡游泳一樣，這些人會想：「雖然辛苦，但在一定的規則當中，想要試著測試一下自己。」

不管是四十二點一九五公里的馬拉松，還是游泳，亦或是在柔道場上進行柔道，這都很辛苦，但每個人依舊還是持續下去。為什麼呢？因為人會想要測試自己的力量，想要看看自己能力的極限在哪裡。人會想：「在眾多不利的條件當中，自己想要突破極限，想要被人尊敬，想要更提升自己。」

基於如此理由，人才會轉生到這個特別的世間。

這聽起來雖然是很不可思議，但世間之人的壽命皆是有限的，從這件事來看，便可知道佛、神的心地並非是壞的。

「雖然靈界是一個自由自在的世界，但人必須要永遠地活於世間」，如果是這個樣子的話，那麼佛、神的心就真的很壞了。然而，人在世間的壽命皆是有限的。人類最多到一百年左右，動物更短，昆蟲更加地短，幾乎都是一年以下的短暫壽命

因此，只要做如是想就好：「正是因為世間壽命是有限的，所以無法完全理解真相，也是莫可奈何的。但正是因為不理解，所以才需努力。在被遮住眼睛、看不見的情況下，還是須兢兢業業地努力，累積另一層意義的經驗，增強力量。那就好比在登山一樣，自己考驗自己，自己在鍛鍊靈魂。」

關於神祕思想、神祕主義，即需要從這種立場去思索。

從世間的角度來看，所謂的靈界是只有一部分的人相信的異常世界，是有些恐怖、想要遠離的世界。但若是換另一個觀點來看，靈界才是理所當然的世界，反倒是世間才是極度異常的世界。

在世間當中，若不呼吸空氣，就無法繼續生存下去，不消幾分鐘即會死去。然而，在靈界當中，即便不呼吸空氣，依舊能夠生存下去，沒有空氣也不會死去。此外，在世間若不吃東西，也無法生存下去；但靈界當中的人，不吃東西也不會死。

所以說，世間就像是水槽當中的世界，而世間之人就像是水槽當中的金魚，生存在一個特殊的世界。

因此，雖然忘記靈界的法則還沒有關係，但若是完全忘卻了原本靈性世界之事，那就麻煩了。所以就必須要對世間的人們，連綿不絕地講述外面的世界、真實世界的道理。

這個工作，和我的靈魂的群體有著很大的關係。

2・西洋神祕主義的源流

古代埃及的「托斯—海爾梅斯體制」

追溯西洋神祕主義的源流，即會發現其源頭始於埃及、希臘。在埃及當中，流傳著「三倍偉大的海爾梅斯（Hermes Trismegistos）」，或者是「托斯—海爾梅斯體制」的說法。

托斯和海爾梅斯是不同的人，但在埃及神話當中，視兩者為同一體。為何托斯和海爾梅斯是為一體的？至今，人們在不甚理解的狀態下，傳說流傳至今。

但如同「幸福科學」所說的，托斯（Thoth）即是亞特蘭提斯的托斯，海爾梅斯（Hermes）即是誕生於希臘的海爾梅斯。但若不知「靈魂兄弟姐妹」的理論，就無法理解托斯就等同是海爾梅斯的道理，簡而言之，海爾梅斯的前身即是托斯。

亞特蘭提斯的托斯，在埃及被視為是智慧之神、學問、技術、技藝之神。人們流傳：「托斯神創造出學問，創造出特別的話語，創造出各種的藝術。」

在現代的埃及學當中，亦認為埃及的金字塔以及人面獅身像，是距今三千年到五千年前建造出來的。從西元年來說的話，即相當於西元前一千多年到西元前三千多年前。

因此，對於古代文明，埃及學者們認為：「如果是距今五千年前的事，那還可以考慮相信，但若是再更久以前的事，那就令人懷疑了。」

然而，若是看到托斯這實際存在的人物，成為了神話當中的神，即能得知托斯的年代有多古老。如果托斯是距今四、五千年前的人物，就不會被人稱為是托斯神了。而若是距今三、四千年前的人物，當時國王可是卡夫拉王

（Khafre），或者是阿蒙霍特普四世（Amenhetep IV, Ikhnaton 阿肯那唐）等，在歷史上曾留名之人。托斯若是和他們是相同時代的人，就不會被稱作是托斯神。既然是成為了神話當中的神，就代表著其年代是更古老的。

雖然考古學對此不能接受，但最近有一些有力的神祕學研究者提出，人面獅身像以及一部分的金字塔，是在距今一萬多年前被打造出來的，剛好其時代就是亞特蘭提斯大陸消失的時代。

他們所提出的證據就是：「人面獅身像有大量被雨水『風化』的痕跡。」現今人面獅身像之所在地為沙漠，若是被風給風化的話，那還可以理解，但那是被雨水給風化的。在已經沙漠化的現代埃及，那是不可能的事，所以人面獅身像必定歷經過降雨的溫暖時期。

那溫暖的時期，到底是從何開始的呢？距今一萬多年前還是冰河時期，冰河時期結束後，溫暖的氣候持續了幾千年。然而，之後氣候又逐漸轉變，埃及變成了沙漠。

因此，那些研究者認為：「人面獅身像必定歷經了那溫暖的時期，並且是距今五千年前至七千年前左右即風化了。如此一來，其建造的時期，推估是更早以前，或許是距今七千年前，或一萬年前以上。」

如同《太陽之法》所述，穆大陸以及亞特蘭提斯大陸皆有金字塔。在那些時代當中，亦有人去建造金字塔；所以可以說，埃及承繼了當時的思想。

在埃及的金字塔，其材質是巨大的石頭，但在穆大陸的時期，也有不是用石頭堆積而成的金字塔，在亞特蘭提斯大陸亦是如此。埃及的金字塔，傳達了亞特蘭提斯等的金字塔思想。

傳說「埃及的智慧之神即是托斯神，埃及的所有智慧皆是來自於托斯」，而這托斯即是亞特蘭提斯的神明。

人們稱呼這托斯與海爾梅斯合為一體之神，為「三倍偉大的海爾梅斯」。希臘的海爾梅斯思想與亞特蘭提斯的托斯思想合為一體，形成了古代埃及的思想。

海爾梅斯思想形成了西洋思想的源流

在基督教以前的古代埃及宗教，當時打造了金字塔，並相信有轉生輪迴。在埃及有著「死者會復活」的思想。古代埃及的人們，認為死者還會回來，所以製作了木乃伊，在棺木中擺放裝飾品，並為死者打造了家，他們為了日後回來的死者做好了準備。

此外，他們堅定地相信「若是將靈天上界的樣子投影於世間，即是地上的埃及」。

對於古埃及人來說，靈界的存在是理所當然的，他們明確地知道，人是來去世間與靈界之間的存在。

歸納這靈界思想的即是「海爾梅斯思想」，其內容成為了「海爾梅斯文書」流傳到後世。

受到這海爾梅斯思想非常大的影響的，即是基督教。在基督教的思想當中，存在著許多埃及的思想。

基督教極力主張「釘於十字架上耶穌復活了」，看起來這復活的思想非常有原創性。然而，這「死者復活」的思想，是埃及的思想。

在埃及，人們認為死者會復活，所以才把屍體製作成木乃伊。然而，那和真正復活的意義有一些不同。雖然，木乃伊是死者復活的象徵，但實際上木乃伊不會活過來，而是死者的靈魂在靈界復活，之後又會轉生於世間的意思。

就像這樣，埃及的思想進入了基督教的根源思想中。

托斯思想和至今數千年前的海爾梅斯思想，合併在一起之後，成為了埃及、以色列，甚至是近代歐洲思想的源頭。

既是埃及的神祕思想，亦是傳達靈界秘義的海爾梅斯思想，也影響了伊斯蘭教。埃及的海爾梅斯思想，深深地影響伊斯蘭教中的神祕思想；基督教亦是受到相同的影響。

海爾梅斯思想也流傳到了歐洲，歐洲有眾多的神祕思想，在中世紀之後亦持續流傳。在現代有時會聽到「玫瑰十字會」或「共濟會」的名字，那些祕密結社的思想根源，其實就是古代海爾梅斯思想，亦即靈界的神祕思想。

換言之，海爾梅斯思想形成了西洋思想的源流。

不只宗教，海爾梅斯思想也成了近代科學的基礎。

「宇宙是以太陽為中心，天體在其周遭圍繞」，在海爾梅斯思想中，存在著以太陽為中心的思想。這在當時「托斯－海爾梅斯的思想」當中即可看到，這太陽中心的思想，從西元之前就已出現了。

然而，在世間的實證科學當中，過去很長一段時間，都是採取以地球為中心的天動說。過去曾經觀測過天體的人，幾乎都認為：「地球為中心，地球的周遭圍繞著天體。」

相對於此，哥白尼（Nicolaus Copernicus, 1473 - 1543）發表了「日心說」，其思想其實受到了海爾梅斯思想的影響。近代以後，許多科學家積極地想要證明，以太陽為中心的思想才是真理。

牛頓（Newton, 1643 - 1727）的根源思想，也受到海爾梅斯思想相當的影響。

而在近代，哈維（William Harvey, 1578 - 1657）發現到「人體當中有血管，當中的血液是繞著人體循環」。在那之前，塞爾維特（Michael Servetus, 1511 - 1553）受到了海爾梅斯思想中「圓環狀的時間概念」的影響，提倡了血液是環繞著肺部循環的學說。

海爾梅斯思想採取了時間的循環論，強烈地倡導：「所謂的時間是處於循環的狀態，就像圓圈一樣，不停地繞圈。」為了要證明這思想，科學家們設想：「基於這個思想，到底能發現些什麼？」拼命努力研究的結果，便得出血液的循環說。

如同這樣，很令人意外地，近代科學也受到這靈界思想的影響。

講到西洋的自然科學，人們很快就會聯想到亞里斯多德（Aristoteles），並且認為亞里斯多德是自然科學之鼻祖，其學說影響了近代科學。

然而，雖然亞里斯多德非常熱衷於透過言語來實證理論，但卻不是一個喜歡以數學來證明的人。因此，在後來受到亞里斯多德思想影響的學問當中，並未出現數學性的自然科學。

如此，自然科學是從海爾梅斯思想衍生出來的。埃及的海爾梅斯思想，也傳到了希臘，對畢達哥拉斯（Pythagoras）等希臘的數學家們，有了很大的影響。

海爾梅斯思想雖是神祕學，但對於現代的科學也給予了相當大的影響，並且也具備了親和性。雖然覺得很不可思議，但海爾梅斯思想具備著這兩面性。就具備兩面性這一點來說，亞特蘭提斯亦是如此。當時亞特蘭提斯相當強調神祕思想，但社會非常地繁榮。穆大陸亦是如此，神祕思想雖很興盛，但世俗也非常發展繁榮。雖很不可思議，但的確同時具備了這兩面性。

釋尊在心靈世界當中的覺悟，以及和魔之間的對決，就這方面來說，釋尊絕對是一位神祕思想家，但於此同時，他對於世俗之事亦有著合理的思維。

這就是愛爾康大靈所持有著兩面性、兩義性。

為何會同時具備這兩面性、兩義性呢？那是因為對於地球上的生命活動，如此的兩面性，表現了愛爾康大靈的基本想法。

因為考慮到「應讓在地球上的生命活動有意義」，所以愛爾康大靈展現了在世間當中，某種程度可以實現的思想。然而，為了避免世人完全否定靈界，於是也提出了具有神秘性、神秘色彩的教義。就是因為這樣，愛爾康大靈才呈現了兩面性。

靈能力或超常現象等等，原本即是被隱藏之事，但有時會藉由展現這些事情出來，以動搖人們的理性。人們若是太過於理性，很容易就將目光只放在世間，有時藉由這些靈異現象、奇蹟等等神祕的現象，讓人們的理性有所動搖。

3・幽浮與靈界科學

幽浮是穿越靈界而移動

在近代常常有人目擊到幽浮，雖然幽浮從以前就來到地球，但特別是在近代常常有人目擊到。那是因為，自從地球的人們開始能夠飛上天之後，對於天空、宇宙有了另一種的觀察角度，昔日視作為神話之事，變得能夠以現實來看待。

關於幽浮的問題，在愛爾康大靈靈團當中，實際上利安托・阿爾・克萊德有著相當大的掌管權，對於外星人和地球人交流亦有著許可權。

就如同眾多報導一樣，幽浮的移動方式，彷彿就像是幽靈一樣，一下物質化地出現，一下又消失不見。明明出現在眼前，但又突然消失，後來又突然出現在別的地方。

當幽浮出現的時候，雷達可以捕捉到其影像，但幽浮的身影一消失，雷達螢幕上的影像也隨之消失；這真是非常不可思議。

「既然是雷達能捕捉到的物體，就應該會持續存在，不會突然消失；若是雷達捕捉不到的東西，就應該一直捕捉不到。」這就是世間的法則，然而，當肉眼可以看到幽浮的時候，就會出現在雷達中，當肉眼看不見的時候，又從雷達當中消失了。

實際上，幽浮是在三次元世界當中活動，並非僅是存在於靈界，幽浮能夠來去於三次元空間是事實。

其實，外星人們是知道靈界路徑的，他們就是使用這靈界路徑，來去於靈界與世間。可見他們的科學技術，已經進步到這個程度。

現今地球的現代科學技術，已經相當接近如此程度了，但實際上要做到來去於靈界與世間，還需要更進一步理論的進步。

眾多科學家都無法相信，世間之物突然變成非世間之物。然而，若是進到了基本粒子的世界，物質或非物質就會變得無法區分了。

就像「$E=mc^2$」（能量＝質量×光速的平方）這個公式所示，物質與能量是可以做等價轉換的。這個公式代表著，物質和能量是等價的。

因此，在科學當中「物質即是能量，能量即是物質」，然而，科學家們無法清楚地理解那是什麼意思。因為他們只從世間的角度來定義能量，所以就更加無法釐清。

若將這個法則套用於靈界，那就會變成：「靈界的光能，能夠在世間物質化，換言之，能夠做為物質在世間出現，亦能夠消失於世間。」

若是從貫穿靈界與世間的法則來看，就能夠清楚明白「能量能轉變為物質，物質能轉變為能量」的道理。

然而，若單單從世間的角度來思量的話，對這道理就難以理解了。

譬如，當科學家聽到有人徒手便可把湯匙輕易地折斷，他們就會說：

「不可能有那種事！當物質消滅時，會像原子彈爆炸那樣，釋放非常大的能量。所以若是湯匙折斷了，就應該會釋放出非常大的能量。只有徒手讓湯匙提高一點點溫度，是不可能發生那種事的。」

若是從世間的科學來論，科學家就會表示不可置信，但這就表示科學尚未有更進一步的進步。

若能釐清宇宙、幽浮、外星人的秘密，即表示地球人能發明跨越世間與靈界的技術。我認為這在二十一世紀中，即能夠達到相當程度的進展。

現在已經有外星人穿過四次元世界，出沒於地球當中，這即是科學應該研究的對象。

事實上，在靈界當中距離是不存在的。距離僅是想像出來的，具體的距離並不存在。

因此，只要穿過靈界，不管是要從地球到月球、火星，或者是到太陽系外的銀河，一瞬間就能夠抵達。

在世間當中，即便看起來直線距離非常地遠，但只要穿越四次元以上的世界，世間所見之距離就不再是距離了。

譬如，世人所跑的馬拉松，有四十二點一九五公里遠的距離。這四十二點一九五公里遠的距離是具體地存在，無法改變。若要縮短兩點之間的移動時間，就必須要踩腳踏車或搭汽車、直升機，運用速度較快的交通工具，否則別無他法。

為此，世人拼命地研究火箭等等，試圖想要將速度更加提升。

然而，若以靈界科學來論，即能夠把看似直線的兩端黏在一起，成為一個圓弧的環狀體。若在靈性上確定要到哪個目的地，只要把出發地和目的地黏在一起，只要一瞬間；若用世間來說，不消一秒，哪裡都到得了。

這就是靈界。在這層意義上，在靈界當中不存在世間的三次元空間概念。

為了要達到如此的境界，就必須要在想法上接受如此概念，以及還需具備曲速飛行（Warp）的技術。雖然我認為，這個技術直接從外星人那邊得到會比較快一點，但終究世人會開發出這跨越異次元空間的技術。最近的學說，僅用三次元空間的思維來看待曲速飛行，並認為那是不可能的，但如此看法是錯誤的。

外星人搭乘宇宙船，穿越異次元空間來到了地球。他們距離地球有幾光年，甚至是好幾十光年以上的距離，所以若是從三次元空間飛行，恐怕到了地球時已經老了，就沒辦法回去了。然而，若是穿越異次元空間，一瞬間即能來到地球。

當宇宙船穿越異次元空間時，他們的身體也是一起穿越異次元空間。因此，雖然他們認為自己身體沒有改變，但就客觀來說，其實應該已經改變了。

在世間呈現物質化的物體，在穿越異次元空間時，應該已經被「翻譯」

成光的能量體。和宇宙船相同，宇宙船當中的人也應該變成了能量體。簡單來說，就是變成像是靈魂一樣，或者是變成像是人魂一樣。

在穿越異次元空間時，雖然變成了如此能量體，但他們依舊是認為自己並未有任何改變。

他們即是利用如此方式，來來去去。

如此科學技術，或許在二十一世紀中無法全面掌握，但應該能達到某種程度的理解。

已有許多種類的外星人來到了地球

現實上，通過異次元管道而出現在地球的外星人，種類多到已難以掌握。

長得最像地球人的外星人，看起來像北歐人，皮膚白白的，頭髮金色或銀色，鼻樑高挺，和人類非常相似，那大概是特地與人類對應形成的肉體。

另外，也有像電影《太陽之法》中出現的「爬蟲類型外星人」。

還有一種被稱作是「小灰人」（Greys）的外星人，這種外星人的眼睛看起來像杏仁，身高大約一百二十公分到一百三十公分左右。我想，這原本不是做為生物的外星人，而是被創造出來「半生物機械人」（Cyborg）。

此外，還有被稱為是「巨腳族」的存在。他們的毛非常長，腳掌長度超過六十公分，身高接近三公尺，看起來就像住在深山中的雪人。

但那不是該星球的人類，而是外星人飼養的寵物。若是從地球的角度來說，那就好比是恐龍退化後的樣子。如此戰鬥類型的巨腳族退化之後，被當成寵物飼養。

總之，地球上已出現好幾種外星人，並且在現實當中進進出出。

不過，在日本，不僅關於靈界的訊息非常少，對於外星人的相關資訊亦非常欠缺。人們認為「對這些事物抱持著懷疑態度」比較符合正義與真理，所以對這方面，長期以來皆是「情報鎖國」，無法充分掌握相關情報。

雖然有許多片段的消息，但幾乎都不曾公開於公眾媒體，即便有人公開出來，但通常都會被視為做假。

因此，關於外星人的研究，日本可說是非常落後。

幽浮進行綁架事件的真相

近年，美國發生好幾件人們遇到幽浮，或者被幽浮綁架的事件，引起軒然大波。

大部分被外星人綁架的狀況是，當事人被催眠，記憶被取走了，不清楚發生了什麼事。其中有些被綁架者流出鼻血，經過一查才發現，他們鼻子的黏膜被埋入了金屬片；這類事件發生過很多起。

若對這些被綁架者進行回溯催眠，讓他們講自己發生過的事情，他們皆是說：「其實我是被幽浮綁架了，但那段期間的記憶消失了。」

因為這類狀況發生太多了，遂引起各界很大關注，並認為可能還有更多人曾遇過綁架。

觀察那些被綁架的人的供詞，幾乎都很雷同，所以應該可以視為事實。然而，即使知道是事實，但由於人類與外星人之間的科學技術落差仍很大，所以人類還是無計可施。

大多數被綁架的情況是，一個人在家中臥房，或者一個人半夜在高速公路開車，卻突然失去意識，意識恢復時已經過了一小時左右。在那段意識消失的期間，幽浮在當事人身上做了各種研究與實驗。似乎有一些女性，外星人在她們肚子裡進行實驗，試著做外星人的混血兒。

雖然，在那段期間發生了這些事，但當事人的記憶被洗掉了。

有些人是半夜從家中被帶走，事後這些人進行回溯催眠，他們皆是說：「當時看到了幽浮，並且出現了很亮的光，我看到外星人從裡面走出來。」

此時的外星人，似乎很多都是「小灰人」。

不可思議的是，外星人將這些人帶走的時候，完全不受牆壁等世間物體阻擋，來去自如。當被特殊光線照射之後，人的身體就可浮起來，並且可從窗戶或玄關瞬間出去，就好像靈魂出竅的現象。

幽浮所發出的牽引光線，其性質到底為何，我想這是未來人類研究重點之一。

被幽浮綁架的事件，在美國特別的多，我想主因是美國為地球最先進國家，因此成為了外星人的調查對象。

像日本這樣高密度人口的國家，一下子就會被發現，所以不好下手。但美國國土廣闊，住家之間彼此距離遙遠，高速公路上常常就只有一台車行駛，因此很容易進行綁架。

由於兩者之間的科學技術差距非常大，因此能輕易抓走地球人，進行各種調查。那就好比人類會在渡鳥與鮭魚幼魚身上，貼上識別標誌一樣。

雖然現實當中發生了此類狀況，但人類技術水平差外星人太遠，因此無計可施。

因為外星人可以在三次元空間與四次元空間之間自由來去，所以，人類沒辦法逮捕到他們。他們能穿牆而過，人類追趕不及，這就像是抓不到幽靈一樣。

已發生眾多如此現象，我認為這是二十一世紀的重大課題。

特別是，近代以來人類開始能在天空飛翔、前往宇宙，來自外星人的刺激變得比以前更強。

以往人類關於宇宙的知識相當落後，因此，對於外星人而言，即使刺激地球人也不好玩。反之，今天人類已經開始瞭解宇宙，所以，外星人覺得，刺激人類開始變得有趣。

不過，從他們所做的行為來看，我想外星人在惡作劇的成分相當明顯。有些看起來像小孩的外星人，他們似乎是為了捉弄地球生物而來地球遊玩的，或者是來地球進行「暑假實驗」也說不定。從很多情況來看，這些外星人來到地球，並非是來辦正事，而是小孩在玩遊戲的感覺。感覺上，他們似乎認為：「只要不要發現就好了。」

外星人介入地球有其限制

就像這樣，世間當中存在著這麼多不可思議之事，若是否定這類不可思議之情、神秘主義與神秘思想，那麼「幸福科學」即無法成立。

對於真實世界的正確認識，應該是：「世間的三次元世界，就像水槽當中的世界，而外面的世界是廣大無邊的。水槽當中的世界和外面的世界，並非是完全不一樣的，水槽當中的世界亦被包含在那廣大無邊的世界之中。」

外面世界的人可介入水槽當中的世界，既可以把手伸進水槽，或用棒子攪拌，或丟進食餌，可以自由自在做各種事情。

起因於幽浮的綁架事件就與此相同。

外面世界的人可用手捕捉水槽中的金魚，然而，還留在水槽內的金魚，卻不知道發生了什麼事，只知道「朋友不見了」。過了一陣子，被抓走的金魚卻撲通一聲地，又突然回來。

靈界和世間的關係，可以從幽浮身上看得出來。

因此，如果地球的科學若能解開靈界之謎，即可解開外星人之謎。

若是外星人想要對人類亂來，因為彼此之間仍有很大的科學技術落差，人類沒有任何勝算。早期歐洲人（哥倫布等人）發現西印度群島之後，對美洲大陸原住民也是為所欲為，這也是因為文明差距太大，原住民根本無法反抗。

因此，霍金博士（Stephen William Hawking）曾說過：「我個人不願相信有外星人的存在。如果有外星人，我們恐怕會變成過去被白人侵略的原住民。我們和外星人的文明落差應該是很大的，一想到這點我就覺得很可怕。所以，我不願相信這樣的事實。」

如果外星人真想那麼做，實際上就真的可以得逞吧！然而，至今他們還沒做到那種程度就住手了。

他們似乎亦肩負神祕主義的部份責任，但他們僅是稍微現身，並沒有告訴人們全部的真相。

他們把人類綁架之後，會消除此人被綁架時的記憶。但即便如此，只要經過催眠術，此人還是可以回想起來的，對於這一點外星人是明明就知道的。

就像宗教家會教導人們靈界思想，外星人也會一點一點地告訴人類：「宇宙當中有個秘密世界，外星人就是從那裡來的；那是一個你們不知道的世界。」

然而，他們不會把全部都告訴人類，這「被隱藏的部分」，其實是有其意義的。他們希望人類：「請自己去挖寶！我們不會把全部都告訴你們，請自己去挖掘真相。」

因為彼此的科學技術差距太大，外星人是可以胡作非為的，這或許是令人擔心的事。然而，在宇宙當中也有著如同是地球聯合國一般的機關，制定規則，因此，外星人也有其行動的限制

此外，地球靈團當中，也有人負責宇宙方面之事。如前述的利安托阿爾克萊德，在其他的九次元靈當中，孔子的系統也有著密切關係。

外星人來到地球的時候，事前就已經被某種程度地規範何能做、何不能做。因此，對於外星人不需要那麼擔心，外星人不會單方面地毀滅所有地球人類。

三次元當中的生命體，換言之就是擁有肉體的生物體，在宇宙當中是重要的資源。宇宙中有非常多的靈魂，然而，有肉體的生物滅亡之後，有許多靈魂無法得到適當的肉體。此時，就必須移居到其他星球，以便取到新的肉體。因此，對於宇宙來說是重要資源的人類肉體，當然得好好地維護下去。

有時，外星人會前來地球交涉：「能否讓我們利用人類肉體？」然而，

那還是有一定的限制的。對此，他們正在約定相關事宜，進行某種程度的交涉，到目前為止，外星人的介入程度，就如同現今的神祕思想依舊是有限，所以各位可以不用擔心。

4·如何讓被隱藏之物顯現

以上做了許多敘述，二十一世紀以後人類的主要課題即是：「若希望能在三次元世界與四次元世界之間自由來去，關鍵就在於人類可以理解多少，三次元世界與四次元以上世界之間的關係？並且其認識的程度有多接近事實？是否能將此寫入教科書當中？如果將此寫進了教科書，是否還有其他的『神秘主義』被隱藏？」

當秘密陸陸續續地被解開，一個祕密出來，又被解開的同時，另一個祕密又會緊接著出來。

依據《太陽之法》，雖然有許多部分已相當明朗，但還是有許多事情尚未公開。《太陽之法》僅針對現今階段可以公開的部分，進行了闡述。但除此之外，尚有更多的部分還沒有公開。

生活於世間，若是游離於世間的法則、常識等等，就會受到激烈地迫害，致使無法長久活動下去。因此，在某種程度上必須妥協，亦須某種程度的合理性，我們必須有著和世間常識共存的態度。

在這層意義上，「幸福科學」尚未全面地講述神秘主義。若是全面地開示出來，就會出現許多和世間矛盾非常大的表現型態，因此，現今我們是在與世間能夠協調的範圍內開展活動。

坦白講，我現在只發揮我本來力量的十分之一。若是使用更多的能力，即會開始與世間產生衝突。

世間之人對於我能夠和靈進行對話，在想法上或許多少還能夠接受；或者是說，世人能夠理解的極限是：我能夠和各種各樣的人的守護靈進行對話。

然而，如果我說我能夠聽懂一群烏鴉講話的內容，那會變成怎樣？如果我說我能夠聽懂池塘裡魚兒們講話的內容，人們又會怎麼想呢？

我即是生活在如此不可思議的世界當中，我既能夠聽到鳥兒們的講話，亦能夠理解動物們、昆蟲們的情緒與想法。

但是，我若是把世間森羅萬象的東西都公布出來，我在世間的生存將變得非常困難。因為有這樣的問題，所以在世間當中，在某種程度上，我是採取能和社會保持協調的方式開展活動。

只不過，相信的人越多，做為神祕主義的被隱藏之事，將會陸續地顯現出來。

5．人類擁有靈性器官

在某種程度上可以說，人有著靈性器官。雖然「人體」一詞是唯物論的說法，但在這個「人體」當中，有著相當多的靈性器官。

譬如，眉毛與眉毛之間的「眉間」。《法華經》當中寫著：「眉間白光。」這表示「釋尊的眉間會發出白光」。在電影《太陽之法》當中，也曾出現「眉間白光」的場景。眉間非常容易發出念力，念力是一種非常具有創造性、積極性的靈作用之一。

眼睛也是靈性器官；人們常說「開靈眼」，靈眼是否打開了，只要看此人的眼睛就可知道。我在過去打開靈眼的時候，照鏡子便發現自己的眼睛改變了。當靈眼開啟時，眼睛就會變得和以前不一樣，感覺有光宿於其中。

當眼睛有光宿於其中時，即能看見靈性之存在，或者是看見後光、看見靈體。此外，此人亦能感覺到世人的念波，若有人積極強烈地發出念頭，那麼此人即會清楚看到這個人的樣子。

有些打開靈眼的人當中，能夠在靈性上看到我的樣子。譬如，我到美國或歐洲出差的時候，當地的人就有人說：「我之前就曾經看過您的樣子。」

雖然很少人將鼻子當作是靈性器官使用，但有人在靈性上能夠聞到「靈臭」。

當惡靈出現，或者是被惡靈附身的人靠近過來時，明明在世間當中聞不到任何味道，有些人就是能聞到令人厭惡的味道。當地獄靈出現的時候，有時候會出現像是貧民窟或者是汙泥一般特殊的臭味。反之，當天使、天女出現時，有人就會聞到有一股高雅的香氣。現代人雖然不是很靈敏，但有人的確能夠聞到那些味道。

動作片演員李小龍，據說他在死後曾以幽靈之姿出現過，當時因為有人聞到了惡臭，所以有很多人傳說：「李小龍是不是墮入了地獄啊？」

從喉嚨到嘴巴的部分，我在講述真理的時候會用到這部分，從這裡也能展現許多光出來。透過話語展現光出來，所以這個部分也可以說是靈性器官吧！

我的說法會被錄成影帶，之後再重新播放影帶時，即便是過去錄製的內容，但很不可思議的，透過影像和聲音，其靈性力量再度復甦了。不管是一年前的法話，或者是十年前的法話，打比方說，一個被惡靈附身的人看到了這法話影帶，其身上的惡靈便會感到厭惡，進而從此人身上離去；這真是一件很不可思議的事。

靈性的力量被紀錄在影帶當中，並且還能夠讓其力量再現，這到底是怎麼一回事？影帶當中的影像、聲音，雖然是用世間的方式呈現出來，但若是再度播放影帶，非世間的四次元以上的力量，即會再度出現。對此，希望理工科系的人能夠研究一下，這到底是什麼樣的構造？

反之，當我看到電視影像當中被惡靈附身的人，其惡靈亦會朝我而來；看照片也是一樣。

此外，若是照片當中的人已經往生，我只要看到那照片，就會知道這個人已經不在世間。

所以，影像和照片都會產生那種現象。

手掌亦有靈性的脈輪，從此處也會發出光。就像有人在身上揮動雙手就能治病一樣，手掌能夠發出治療疾病的力量。（當然，前提是此人的心必須要是處於協調狀態。）

心臟也是靈性器官；心臟容易受到外在情緒的影響，他人的情緒很容易就會闖進來。另一方面，當人們意志強烈時，自己亦能給外界帶來影響。總之，心臟具有非常強的靈性力量。

下腹部丹田的部分，也是一個很大的靈性中樞。維持內心平靜、忍耐力、己心協調，這在宗教上非常重要。而負責調和「心」的靈性中樞，就位於下腹部。

丹田下方有性器官，男性是男性性器與睪丸，女性是女性性器與子宮。這也是靈性器官的一部分，會產生靈性力量。

宗教上自古以來有許多性欲的禁忌，其理由之一是，「性欲與靈性能力有關」。

在精力與性欲減退的狀態之下，則無法防止若惡靈等入侵。當精力衰弱時，對惡靈的抵抗力即會減弱。

另一方面，當性的力量高亢時，即能產生強大的念力。在這樣狀況下，很容易醞釀發出念力的磁場。

過去的人們熟知這個道理，現代人因為能攝取高熱量食物，所以元氣馬上即能恢復過來，但以前沒有那麼多高熱量食物，所以必須要一點一點地累積能量。因此，若不好好地控制性能量，則不堪靈性上的使用，所以過去宗教要人「禁欲」。

一旦禁欲，靈性力量即能累積起來。密教與瑜珈稱之為「昆達里尼」（Kundalini），由此性的脈輪，能發出強大的能量。

善用這種能量，就可趕跑惡靈，使人悟性提升；誤用這種能量，則會產生破壞的作用。能量，具備著這兩面性。

就像這樣，人體當中有許多靈性器官，每個人皆受其影響。對此，若是刻意地去開發的話，即能產生出相對應的力量。

人在世間當中，雖然會受到物質以及唯物思想的影響，但另一方面亦受到靈性的影響；人是同時受到這兩方面的影響而生活的。

這個世間就像是房間當中的水槽，水槽當中的存在，不只受到水槽裡面的影響，也同時受到房間的影響。請各位可以從這角度理解。

6・神秘思想能提升人們的勇氣、讓人突破極限

本章針對「充滿力量的神秘主義」，做了各方面的論述，對於世間的想法，我認為不可太過於一味依附。

不可思議之事非常的多，但藉由相信這些事，至今被常識束縛住的力量就會被解放出來。或者是，至今被壓抑住的力量即會展現出來，解放這種力量是很重要的。

並且，當你將目光放在超越世間的世界時，你就能瞭解更高一層、更偉大的自己，進而產生勇氣。

不要聽到了亞特蘭提斯或者穆這樣的國度，就感到吃驚，地球還有更古老的文明。藉由思索過去的古老文明，就會發現此世的種種煩惱都很變得很

無聊，就會覺得：「這種小事也是爭論半天？這實在是太愚蠢了吧！」

如果把視野就僅限於世間的話，那麼要有多少煩惱就會有多少煩惱，但若是能超脫如此侷限，那麼即能產生出更大的力量。

就此意義而言，「幸福科學」做為宗教，就更應該相信那充滿力量的神祕主義。

「神秘主義、神秘思想有著能提升人們勇氣，使之突破極限，並且引發超常現象、興起奇蹟的力量。這一點也不奇怪，這就是本來的樣貌。被封閉在自己十分之一能量之中的人類，藉此能開發出自己原有的力量。」希望各位能夠有此認識。

如果宗教在世間遇到了瓶頸，那就必須要回歸到原點。

第五章

論「信仰」

——超越世間與靈界的次元之牆

1・光明指導靈的三種人生類型

雖然宗教論述了各種的教義，但有時還是必須要回到原點，還是必須要以最簡單的話語，來形容宗教最根源的部分。

為了對應世間各種具體的問題，宗教的教義會變得相當多樣，且開始變得複雜。然而，能夠留傳久遠的教義，通常皆是接近原點，且具備普遍性，多少帶有一些抽象性質。

本章一開始，我先試著論述關於光明指導靈的人生。

光明指導靈們從天上界轉生於世間，遂行了各種各樣的任務之後，又返回天上界，總結來說，他們可區分為三種類型的人生。

第一種即是：「在世之時，完全不受到他人認同，在失意當中度過悲慘人生。到了晚年，或者是歸天之後，才開始被後人認同，經過了很長一段時間，才漸漸地得到後人的理解。」

如此類型的人，通常都是時代的先驅，其想法無法受到同時代人們的認同。或者是，此人非常的靈性，其想法和世俗有很大的落差，因而不被人們所理解。

第二種即是：「在世之時，發揮了某種程度光明指導靈的能力，進行了各種各樣的任務，並且得到眾人的注目。然而，此人並未完全遂行原本的使命，就在某時，和世俗之事發生了碰撞，遭受到挫折。之後，就在失意當中，一邊痛苦，一邊像是蠶吐絲線一樣講述教義，將自身的心念寄託於教義之中，並授予弟子們，以流傳後世。」

第三種即是：「在世之時，得到了成功，也獲得同時代人們的認同。到了後世，此人的想法亦能通用於後世之人。」

光明指導靈即有以上三種類型的人生。

對此，我試著分析。

第一種類型的人生，非常地靈性，自己宿於肉體而生、物質界當中的生活、必須要攝取食物才能生存下去，這類人對此感到非常不可思議。

打從一開始，其人生態度就不被人們所接受，這在宗教家當中很常見，其數量還不少。在古代猶太的舊約聖經的預言者中，就有很多這類的人，或許可以說耶穌基督也是類似這樣的人。

觀察耶穌之後至今兩千多年的歷史，有很多人在世之時，完全被他人否定，但之後，世人對此人的看法又完全逆轉；這是宗教家常有的類型。

第二種類型的人生，在世之時，雖然在某種程度上得到世人的認同，但到最後的最後，人們還是認為無法跟上那想法，進而此人遭受到世間的挫折。

中國的孔子就是這種類型。當時孔子雖然得到了某種程度的成功，但依舊沒有得到最終的成功，最後還是將教義傳給知心的弟子。也就是說，孔子在某種程度上，獲得了世間的認同。雖然成為了大臣，得到了還算可以的成功，但最終依舊無法將教義的全貌完全地傳達給人們，進而使人們理解。最後只能讓理解這教義的人，繼承這法理。

第三種類型的人生，即是活躍於世間，成為領導者的人生。不管是政治、經濟、學術等領域，這類人在各個領域皆很活躍，並且終其一生皆很成功。這種類型的人，為數也不算少。

很難論斷哪一種類型，比較靈性、比較宗教性，但就表現形式來說，光明指導靈的人生類型有這三種。

而第一種「完全不被世人所接受」的類型，又可以再細分成兩種類型。一種是其想法被世人強烈地拒絕，完完全全不被接受，最後是以悲劇收場；另一種則是此人離開俗世，自己過著悠然自得的人生。

在佛教當中，有很多的和尚是屬於後者。若以日本來說，一人獨處於山寺當中的良寬和尚，就是這種類型。

在過去有很多修行者也是這種類型。這種類型的人，對世間沒有什麼特別的影響，自己一個人獨自在自己的世界中生活。

老莊思想當中，即有著如此想法。

這樣的人生絕非是悲劇，雖然此人游離於世間生活，但至少他在世間實現了自己的靈性世界。

若把此也分類為一種，或許也可以說有四種人生類型。

2．價值觀的逆轉

互相矛盾的兩個價值觀

為何有些具備著高度認識力的光明指導靈，持有著游離於世間的人生態度呢？或者是過著被世人視作為悲劇、悲慘的生活方式呢？

其根本的理由就是：「他們想要由根本來逆轉人們的價值觀。」

本來每個人都知道，自己在出生之前是何種存在，或者是自己如何生活的，但隨著轉生於世間，漸漸地成長之後，對此就逐漸忘卻了。人到了十歲左右，「自我」即會漸漸萌芽，自己會開始認同自己，並且為了在世間過得更好，自己會開始努力起來。

這可以算是在世間的一種成長，亦是一種完成之道。但另一方面，自己會漸漸忘卻，自己在出生以前是靈性的存在。

進而，若是發覺自己在世間過得很好、過得很快樂，許多事情皆能隨心所欲，漸漸地就會染上了世俗的生活方式。

然而，上了年紀之後，慢慢地肉體就會感到不自由。原本在年輕時自由自在的肉體，逐漸地會感覺到彷彿像是盔甲一般沉重。腰也挺不直、皺紋也變多、白髮也變多，有時還會掉髮。此外，除了無法自由地表達，記憶力也衰退，許多事都忘記了，還有不管做什麼都變得很不方便。

這對生活在世間來說，是非常地辛苦。原本可以過得很好的世間，現今就變得很難過了。

如此現象，就像回到小時候一樣。人稱「退化現象」，上了年紀之後，人就會變得幼兒化，就像小孩子一樣。隨著漸漸很難在世間生活，反倒自己好像回到了過去一樣。借此也是讓自己覺悟到，和世間告別的時期已經漸漸接近了。

在世間當中，確立自我，打造自己讓自身成長，被視為是一件好事。的確，這亦是在世間修行的目的。然而，這也會讓自己忘記自己本來的樣貌，與這本來的樣貌漸行漸遠。

然而，當人上了年紀，肉體不聽使喚、無法隨心所欲的時候，就會感到這個世間已漸漸不是自己生活的地方，並且發現似乎有另一個世界在等待著自己。漸漸地，就會對這另一個世界有所期待。

如此兩相矛盾的價值觀，同時存在於這個世間。

為了在世間成功、在世間能成長茁壯，就必須要打造在世間的自己。然而，越是如此做，就越會喪失靈性的自己。

釋尊所說的「無我」的思想

對此，我們可以試著從釋尊所說的「無我」的思想來思索。在佛教當中，其中有一派為禪宗。禪宗藉由給人一喝、一轉語，讓人的意識有所轉變。這無我的思想，即是有如此效果。

不管是誰，過了十歲左右，自我就會開始萌芽。為了保護自己，即會開始戰鬥，有時會打架，甚至會殺人，亦會爭奪食糧。走入如此自我的世界是很平常的，不需要他人的教導，就會變成這樣。

在世間當中的自我確立，被視作為一種成長。然而，無我的思想是與此對立的思想。

持有無我的思想，看上去此人是在鬥爭的世界中敗戰了。在相互鬥爭自我的世界中，若此時有人持有著無我的思想，此人或許就會被視作為祭品或獵物，或者是被視作為濫好人。無論是誰，都會覺得此人是輸了。

然而，這徹底持有著無我思想的人出現之時，反倒會湧現一股促使人們反省、悔改的力量。

藉由這無我之人的出現，人們會感到空虛：「為何我們要為了自我，互相傷害、互相爭奪，為了自我實現而互扯後腿呢？」並且開始覺悟到：「如果我們也能學到那無我的思想，或許就會變得比較好過了吧！」

然而，只要還活於世間，就不可能完全地無我，就不可能將自己完全地捨棄。這和只要持有著肉體，人的基本欲望就不會消失一樣。只要還有著肉體，自我就不會完全消失。

事實上，有許多離開肉體之後變成靈魂的人，自我依舊還沒有消失。這自我，並非是那麼容易消失的。

然而，藉由講述無我思想的人、講述相反價值觀的人的出現，人們的心中就會開始出現如此念頭：「自己要對此有所學習，至少對自我要有所管理。」進而，追隨如此思想的人就會出現。

此時，一個烏托邦的協調之芽即會萌發出來。

換言之，在依循著本能而生，逐漸提升自我的過程中，此時若看到了有人在教導完全相反的價值概念，人們就會開始對如此相反的思想有所醒悟。

這在某種意義上，可以說是「返回靈界」的思想；這就是無我的思想。

藉由「捨棄自我」，成就更高層次的自己

這無我的思想，若是用另一句話來形容，那即是「捨棄自我」。

所謂「捨棄自我」，意指：「為了要成就更高層次的自己，進而捨棄低層次的自己，換言之，即是捨棄掉被物質界牽絆、苦悶不已的自己。」藉由捨棄掉「我想要、我想要」的爭奪之心，即能成就更高層次的自己。

捨棄越多的人，亦能夠得到越多。

捨棄越多的人，是什麼樣的人呢？那即是，將自己有限的生命、將自己數十年或百年的生命，徹底地用於自己以外的人。此人越是這麼做，那奉獻出去的生命，將會讓此人成就更高層次的生命。

將有限的生命只用於自己的人，其生命的層次就僅限於此。然而，為了自己以外的人，將有限的數十年生命的百分之五十、百分之六十、百分之七十、百分之八十、百分之九十、百分之九十九、百分之百地奉獻出來的人，其生命的層次將會提升幾十倍、幾百倍。

對此能夠做到的人，是怎麼樣的人呢？

至少，若此人的價值觀的基準、原點，是僅立於世間的話，那麼此人則無法徹底地做到利他。

一個將價值觀的基準、原點立於世間的人，通常會給有偽善者的感覺。此人會讓人覺得：「這個人做事，都只是為了得到稱讚、為了裝飾自己、為了名譽心、為了虛榮心。」

然而，若有一個不偽善，能真正地捨棄自己的人，此人即是靈性之人，亦是為佛神所愛之人。或者是說此人在心境上隨時都與佛神共通，否則的話，是無法持有那種人生態度的。

人若依循著本能而活，總是會往擴張自我的方向努力，那也是獲得世間成功的原理。的確，若是不這麼做的話，就有可能被視為輸家，或者是在世間敗北。

然而，若是想祈求更高境界的真正勝利，就必須將焦點做一百八十度的轉變。

越是為眾人而生，越是為眾人奉獻身命，才能夠得到更多果實、更多靈性生命，才能夠將佛神所賜與的生命，活出十倍、百倍、千倍。

3・從世間的成功走向宗教的覺悟

如前所述，即便是光明指導靈，生於世間之後亦有三種、或者是四種的人生類型，到底要以哪一種類型，才能實現真正的使命，或者是才算是幸福？因為每個人各有不同的適性，所以難以一概而論。

在世間獲得成功並且能夠引導他人的人，此人必定在世間當中是有能力、知識力、體力之人。

然而，不能夠因為這樣，就被世間的成功給埋沒，而忘了自己本來的樣子。常常有人會變成這樣；在成功當中，潛藏著許多失敗之芽。

此外，在宗教當中有不少比例的人，在世間雖然達到了某種程度的成功，但卻在中途遭遇挫折，進而在宗教之路上尋求自我實現。

然而，這樣的人，不可以把自己的宗教修行，當成是一種對世間抒發不滿，或者是一種抒發自己欲求不滿的藉口。不可因為自己在世間無法實現自我，而在宗教當中，抱怨世間、否定他人。

即便在世間懷才不遇，但也不可讓己心混濁，必須經常地讓心維持純粹、清晰。

或許自己只獲得了某種程度的成功，但也要有著如此心境：「真是不錯！持有靈性人生觀的自己，在世間得到了如此的成功，這真是令人感激的事。今後，為了回歸到原本的樣子，我要累積靈性修行。」

若是離開了世間之後，對世間抱持著憎恨之心的話，在靈性上是不會有任何進步的。

此外，過著與世俗之人完全不一樣的生活，換言之，從世間角度來看，如此悲劇、悲慘的人生，或者是遠離世俗而過的人生，的確很難得到人們的理解。

然而，能過這種與世隔絕的生活，也是一種才能，絕大部分的人，或許都無法做到吧！

若是真想要過這種生活，追求自我實現之前，就會先遭受到世間的責備、批判、差別待遇、壓迫、迫害、言語上的攻擊、生活困難、疾病等等的襲擊。對此能夠不受動搖、否定世俗的價值觀，進而持續前進之人，我想應該很少吧！

因此，大部分的人還是一邊尋求世間的成功，在過程當中再走向宗教的覺悟會來得比較好。

4・靈界的科學

「幸福科學」的「科學」一詞之意義

希望各位知道，「幸福科學」的「科學」一詞之意義，絕非是進行實驗的科學、實證的科學，而是信仰的科學、相信之心的科學，亦是指「心的法則」的科學、「心念會起到何種作用？」的科學，或者是說「探究貫穿世間與來世的法則，到底為何？」的科學。

因此，「幸福科學」的「科學」一詞，並非像是那種眼見為憑、眼不見則不相信的科學，亦非是那種「做幾十次、幾百次的實驗之後，若結果都一樣就可以相信」的科學。

我們所立足的地方，原本就是一個既看不到、也聽不到、又摸不著的世界。並且，至今幾乎很少人去了那個既看不到、也聽到、又摸不著的世界之後，又返回來過。

然而，我要告訴各位：「那個世界才是本來的世界，世間是虛幻的世界、是渺小的世界，還有一個更寬廣的世界包覆著世間。」

若是只從世間的學習或經驗來看，會覺得講出這種話的人很奇怪，那是因為沒有人曾經教過自己這樣的事。

與其相信這樣的話，還不如相信「人類的文明，是從數千年前開始急速發達」還比較容易。

或者，「不知為何，偶然之間蛋白質結合在一起，並且開始運作，也不知為何，這合成的蛋白質體越變越大，突然變成了蜥蜴、青蛙、鳥兒、蝴蝶等昆蟲，或者是變成了哺乳類的鯨魚及人類。」相信這樣的道理，或許人生還比較好過一點。

如此學說，雖然從巨大的世界觀來看是難以置信的，但有許多現代人，相信這個道理。

現代人被一種名為「現代科學」給洗腦，對此建立了「信仰」。「藉由化學或物理學的公式能估算出來的，就表示是存在的，除此之外，皆不存在。」人們被如此信仰強壓著。

然而，實際上明明就是幾乎無法調查的東西，就僅僅是說：「根據計算，會變成那樣；從證據來看，會變成那樣。」

即便是說：「宇宙大霹靂，從計算上來看，就是差不多在這個時期開始的。」但對於「為何會從『無』變成『有』？」的這個問題，無論從物理學如何地解釋，都是無法回答出來的。因為那是屬於信仰的世界、佛神的世界的問題。

對於人類的起源，也是相同的道理。雖然動物的肉體，會依循著環境而變化，然而，「只要將材料散佈於地上，偶然之間建築物就會成形」，這種事在世間是不可能發生的。

有蓋過房子的人就一定知道，將水泥、砂石、磚塊、鋼筋等放在廣場上，經過了百年、千年，房子就會蓋好嗎？這種事是不可能的！

若是想要蓋房子，就必須要先有人「想要蓋出一棟房子」，進而畫出設計圖，以及有人努力去興建。若沒有具備這些條件，房子就不可能蓋起來。

因此，對於「人類」的起始來說也是一樣，必定是先有某種存在意圖「想要創造人出來」，並且為了創造人而做出努力。除此之外，沒有其他方法。

就像這樣，希望各位知道，雖然都是以「科學」為名，一個是否定信仰的科學，但另一個則是試圖超越世俗價值觀，浩瀚的「靈界科學」。

喪失本來能力的現代人

要教導人們靈界的科學，就必須要興起逆轉價值觀的運動。為此，即便被世人認為精神異常、被當作是奇人、怪人，或者是被他人嘲笑，但依舊需要有這樣的人出來講述真相。

如果這樣的人被當作是怪人的話，那就表示世間之人，真的被錯誤的想法影響很深。

各位在學校當中，應該有讀過日本平安時期的鬼故事吧（編注：相當於中國的《聊齋誌異》）。在故事當中，出現了許多妖怪、幽靈。對此，現代人都嘲笑當時是民智未開、非常落後的時代。然而，若是打開了靈眼，現實就是如同那故事一般。

若是從這層意義來看，就真的不曉得到底是哪個時代比較進步了。

至少可以說，過去的人們在現實生活當中，能夠體會到人心的運作、心念的力量、靈界的力量。然而，現代人對此卻完全感覺不到，變得非常地遲鈍。

現代人其他的能力雖然變得很發達，但與此同時，也喪失了許多能力。若問這些喪失掉的能力，是古代原始人才有的能力嗎？答案並非如此。那些能力，將會在人死離開肉體之後又會回來的能力，是本來就具備的能力。

現代人不只喪失那本來的能力，並且還將自己侷限在世俗的法則當中。這真是非常悲哀的事，大部分的人皆持有著錯誤的人生態度。

因此，現今皆採取多數決，藉此能反映真相的絕對不多。

然而，那也好。因為若是能反映眾多真相，那麼事情就會轉變為合理化；若是合理之事，只要加以證明，誰都能夠相信，但如此一來，信仰即無從建立了。真理越是不被眾人所接受，就越是需要建立信仰之心。

5．超越世間與靈界的次元之牆

為何需要信仰的力量？

所謂信仰，是超越世間與靈界的次元之牆的力量，亦是超越世間與靈界之牆的武器。

藉由信仰，即能穿越次元之牆；藉由信仰，即能跨越次元之牆，進而與眾多靈性存在進行交流；藉由信仰，許多力量即能復甦過來；藉由信仰，世間與靈界即會成為一體。

當擁有堅強的信仰心時，屆時各位雖身處三次元世界，但卻猶如活在多次元世界當中；當擁有堅強的信仰心時，屆時各位即活於如來界、菩薩界、光明界、善人界等天國的世界。

此外，若是一個持續有著惡性念頭的人，雖然人還活著，但其心卻是與地獄世界相通。因為此人在心的世界當中，與地獄世界相通，所以對於地獄是來去自由。現今有很多人有著如此惡性的信仰。

因此，以下的道理就非常的重要。

正確之事、正確的道理能於世間實現，當然是一件很重要的事，然而，那並非是可以百分之百實現的。

在世間當中，有時正確之事會敗北，錯誤之事會勝利；世間本來就是這個樣子。這個世間本來就是被創造成，讓人們難以暸解何者為正確的考驗之地。

因此，各位時時不可忘記：「宗教的正邪，難以靠世間的勝負來決定。」

之所以需要信仰的力量，那是因為在世間的原理當中，存在著與靈界的原理有所相異的部分，為此就必須具備超越這部分的力量、就必須要懷有信仰。

支持信仰的「忍耐力」

那麼，到底是什麼力量支持著信仰呢？那即是「忍耐力」。心念必定會實現。

然而，心念的實現，必須經過一定的時間，其實現的方式、方法，有時和當初所想的會有所差異；對此必須要接受。

在世間當中，有時實現的型態，並非是以自認為最好的方式呈現，而是以第二好或者是第三好的方式呈現。

有時自認為會來協助的人，沒有前來幫忙，反倒是自認不會前來協助的人，最後變成了幫手；以為是「敵軍」之人，變成「友軍」，反倒以為是「友軍」之人，最後變成了「敵軍」。

世間當中的金錢、土地、房子等等，未必都能如願運用，有時世俗之事會以另一種方式實現。

然而，心中堅定、長久的想法，漸漸地必定會實現。實現的型態雖有各式各樣，但終將實現。

此時，對於相信此道理之人，最重要的就是要有著「忍耐力」。各位必須要忍耐，藉由忍耐力，心念終將實現。

並且，各位還必須要知道：「所謂的信仰，是不需要在世間之時就得到結果的。」此人的信仰在世間越沒有得到結果，卻依舊懷有著信仰，就可以說此人是有著堅定、雄厚、高遠的信仰之心。

在世間當中，有很多人認為：「如果眼前之事沒有成功，這信仰就不值得相信。」然而，依舊有人對於幾百年、幾千年後的成功懷有著夢想。如此之人是精神異常，亦或是正氣凜然，時間會證明一切。

必須要進一步提升信仰心與勇氣

「幸福科學」推展宗教活動已經近二十年了（編注：本書原著發行於2005年）。我實際感受到，「幸福科學」獲得了預期之外的世人的接受，以及得到了預期之外的成功；這亦是一件令人高興的事。

但另一方面，我仍有一絲的不安。我感覺到：「得到這麼多人的接受，是不是也表示世人不是那麼需要『信仰』？」

或許這是因為教義的講述方式，或者是傳道的方法上，還停留於世間的程度。

為了要引導全世界的人類，各位必須要有著更強韌的信仰心。

「和他人和平、和諧相處」這在世間是一個非常有利的武器，然而，若是因為如此而變得狹隘、軟弱，則不會有進一步的發展。

各位要問問自己：「是不是得到了周遭之人的認同之後，就以此為滿了呢？」

還有很多的人，是尚未擁有真正的信仰的。如果各位忘了這些尚未擁有信仰的絕大多數人，僅是滿足於彼此能夠互相認同的小圈圈，不在意圈圈之外的人，心想「只要不傷害到自己就好」的話，那真的是非我所願。

過於被世間認同的宗教，有時會喪失發展力。

若是不持續提出新的觀點，刺激世間之人的想法，訴以價值觀的轉換，那麼，在二十一世紀之後，我們就不可能成為一股巨大的力量。

本章我論述了許多內容，若以一句話來做為結論的話，那就是：「懷有『信仰』，即能超越世間與靈界的次元之牆。」

世間與靈界之間的次元之牆，明確存在，普通之人是無法超越這面牆的。若想能超越這面牆，唯有靠「信仰」。而若要獲得真正的信仰，則必須要超越這次元之牆。

超越次元之牆時，會伴隨著痛苦、伴隨著忍耐。之後，方才能成為一個身在世間，卻非是一個俗世之人的人。

具有可與靈界相通的心的人，佛教稱之為「阿羅漢」，基督教則稱之為「聖人」，這樣的人的確能與靈界進行交流。

希望各位能有更進一步的勇氣。

後記

要讓有如此內容的書成為暢銷書是需要勇氣的，不管是哪一個商界人士都會這麼想吧！

然而，為了擔保本書內容的真實性，在此之前我已經寫下了四百本書。我以如此「信用」為基礎，解開了大宇宙的神祕。

閱讀完本書，或許你已經無法回到原來的自己。因為，你已經知道了貫穿世間與靈界的秘密。

當你知道那被隱藏之事時，你是會感到有罪惡感？或是浮現勇氣？但無論如何，你所搭乘的人生列車，會確實地走向一個嶄新的方向。

幸福科學總裁　大川隆法

國家圖書館出版品預行編目資料（CIP）資料

神祕之法／大川隆法作.
初版——臺北市：佳赫文化行銷，2011.01
面；　公分——（What's being；15）
ISBN：978-986-6271-33-5（精裝）
1. 死亡　2. 靈界　3. 靈魂

215.7　　99025889

What' s Being 015
神祕之法

作　　者：大川隆法
總 編 輯：許汝紘
副總編輯：楊文玄
美術編輯：楊詠棠
行銷經理：吳京霖
發　　行：楊伯江、許麗雪
出　　版：佳赫文化行銷有限公司
地　　址：台北市大安區忠孝東路四段 341 號 11 樓之三
電　　話：（02）2740-3939
傳　　真：（02）2777-1413
www.wretch.cc/ blog/ cultuspeak
http://www. cultuspeak.com.tw
E-Mail：cultuspeak@cultuspeak.com.tw
劃撥帳號：50040687 信實文化行銷有限公司

印　　刷：漢藝有限公司
地　　址：台北縣中和市中山路二段 315 巷 8 號 2 樓
電　　話：（02）2247-7654

總 經 銷：時報文化出版企業股份有限公司
地　　址：中和市連城路 134 巷 16 號
電　　話：（02）2306-6842

2011 年 1 月　初版
定價：新台幣320元

若想進一步了解本書作者大川隆法其他著作、法話等，請與「幸福科學」聯絡。
社團法人中華幸福科學協會　地址：台北市松山區敦化北路155巷89號
電話：02-2719-9377　電郵：taiwan@happy-science.org　網址：www.happyscience-tw.org
HAPPY SCIENCE HONG KONG LIMITED　地址：香港銅鑼灣耀華街25號丹納中心3樓A室
電話：(852)2891-1963　電郵：hongkong@happy-science.org　網址：www.happyscience-hk.org